JN117571

デザインマネジメント論のビジョン

デザインマネジメント論をより深く学びたい人のために

佐藤典司・八重樫文 監修・著
後藤智・安藤拓生 著

新曜社

はじめに

今日、デザインマネジメントについてさまざまなことが論じられています。この本を手にとられている方は、おそらくデザインマネジメントに関する知識もあり、またある程度の理解も進んでいる方が多いことかと思います。ただ、いざ「デザインマネジメントとは何か」、あるいは「デザインマネジメントを具体的に実践していくにはどうすればよいのか」と問われると、急に言葉につまってしまう人も少なくないことと思います。

そうした人たちに向けて、この本の副題は「デザインマネジメント論をより深く学びたい人のために」としました。

デザインマネジメントの理解について、このようなある種のもどかしさがあるのはなぜでしょうか。それにはいくつか理由が考えられますが、ひとつには、長い間、デザイナーと呼ばれる一部の人たちにとってだけに必要とされていたデザインというビジネススキルが、その周辺で働く人たち、また、日ごろデザイン作業とはまったく関係のない人たちにとっても、無視できない存在になってきた点にあると思われます。今では、新入社員から経営者まで、デザインの価値はいわば欠くことのできない企業価値、商品価値になってきたのです。そのため、デザインの門外漢も何とか理解しなければいけないというつらさやもどかしさがあるものと思われます。

二つ目に考えられることは、デザインの仕事自体は、長くわが国でも行われてきたものですが、デザインマネジメントという概念や考え方は、本格的には、ここ二十年くらいで欧州や北米を中心とした海外から取り入れられたものだということです。まして、デザイン思考に見られるような考え方が国内で一般的になったのは、もっと歴史が浅いと言ってよいでしょう。たとえば、自分たちなりの解釈でデザインという伝統的な着物を着ていたのに、突然、外来の洋服を渡されたような違和感です。そこには聞きなれない英語の訳語がちりばめられ、デザインは一気に抽象化されていきました。

そういったもどかしさを感じている人たちのために、本書では順を追って、今一度、デザインマネジメントのポイントをかみくだいて説明することにしました。第1部では、デザイナーやデザイン作業が行われる中での特徴的な考え方や態度（仕事への向かい方）などを、具体的な事例をあげながら、また、できるだけ最新の理論について紹介しています。

第2部では、「ものごとに意味を与える行為としてのデザイン」と「組織や社会を新たな方向に導くためのデザイン」について解説しています。そのうち、最初の3章では、ロベルト・ベルガンティによって提唱された「デザイン・ドリブン・イノベーション」について詳細な解説を加えています。「デザイン・ドリブン・イノベーション」の考え方は、デザインを、製品に新たな意味を与え、急進的な革新をもたらすツールとしてとらえるもので、近年、デザインマネジメントの新潮流として注目されています。さらに後半の4章では、「組織や社会を新たな方向に導くためのデザイン」として、デザインリーダーシップ（4-1）とデザイン・ケイパビリティ（4-2）について解説しています。

第3部では、第1部、第2部での最新のデザインマネジメントについての理論や事例を踏まえた上で、デザインマネジメント論の今後の新たな方向性について解説します。ここではとくに「属人性」ということに焦点をあてています。デザイン成果がデザイナーの個人的な能力に大きな影響を受けることは確かですが、いつまでも「天才的なデザイナー」の出現ばかりを待っていても無いものねだりに終わってしまいます。現存のデザイナーや関係者、組織をもってして、それらをいかに活性化し成果をあげるか。個々の能力を最大限に引き出し、また、組織の方からも個々のメンバーに好影響を与えることがカギとなります。そうした手法について最新の理論を引きながら解説していきます。

以上が内容の大まかな流れですが、本書では全体にわたって、日本語でまだあまり紹介されていない関連理論や最新の研究論文内容を積極的に紹介している点についても付記しておきたいと思います。

最後に、本書の中でも紹介されていますが、デザインはあくまでも実験主義の作業、考え方です。実験的に試行錯誤を繰り返すプロセスを経て、最適な解決策を見出していきます（2章2-3-4）。たとえば、人のカラダを解剖して「なんだ、こんな具合になっていたのか」と合点がいったとしても、ただ、それを知ることで人間がひとりでに動き出すわけではありません。その意味で、読者の方々には、ぜひ、実際のデザインの現場と本書の間を行き来していただければと思います。そうすることで、本書はきっと、デザインマネジメントのバイブルとして大いに役立つものとなることでしょう。

２０２２年１月

佐藤典司

目次

2章　デザイン知

装幀＝新曜社デザイン室

第1部

デザイン問題とデザイン知

1章 デザイン問題

1-1 デザインと問題解決

1-1-1 日常におけるデザイン

私たちはモノだけではなく、日常的にさまざまな行為を「デザイン」しています。

「今日の昼ごはんは何をつくろうか。昨日の夜ご飯は少し重たかったから、何か酸味のある軽いものをつくろうか。冷蔵庫にはトマトがあるな。じゃあそれとツナ缶でトマトパスタでもつくろうか」。このようなごく日常的な場面を切り取っても、デザインが存在しています。あなたは自分の周りにある素材と経験を用いて、自分の欲しいものをつくります。上の例で言うと、冷蔵庫にあるトマトとツナ缶を使って、酸味のある重たくない食事をつくりました。ここに存在したデザインとは、「食事をつくるという行為」を指します。

アメリカのデザイナーであり教育者であるヴィクター・パパネックは、*Design for the Real World: Human Ecology and Social Change*（邦訳『生きのびるためのデザイン』）という本の中に次の言葉を残しています。

> 人は誰でもデザイナーである。ほとんどどんなときでも、われわれのすることはすべてデザインだ。デザインは人間の活動の基礎だからである。ある行為を、望ましい予知できる目標へ向けて計画し、整えるということが、デザインのプロセスの本質である。（Papanek 1971; 訳書 1974: p. 17）

食事をつくるという行為においては、満足したいという目的のために手順を考え一つの形あるものに整えていくことでデザインがなされます。実際にパパネックは、パイを焼くこともデザインだと言っています。

では、次の例はどうでしょうか。今週末あなたは友人の婚約を祝うパーティーを開きます。そこには自分と仲の良い友人だけでなく、婚約者とその友人も集まります。初めて会う友人の婚約者の、またその友人の好みももちろん知りません。あなたはこれまで何度か友人の結婚式には出たことはあるけれど、計画したことはありません。あなたはどんなパーティーを「デザイン」するでしょうか。

私たちは専門家が行うそれとは異なる対象に、日常的にさまざまな場面でデザインという言葉を使いますが（たとえば、キャリアをデザインする、ゲームをデザインする、職場環境をデザインするなど）、そこでのデザインがいったい何を指しているのかについて十分に定義して用いているわけではありません。一方で、多くのデザイン研究者の間ではデザインに関して共通して理解されていることがあります。それは、「デザインは『問題解決（problem-solving）』に関わる行為である」ということです。ノーベル経済学賞を受賞した経済学者であるとともに、後のデザイン研究の基礎を生み出した研究者として位置づけられているハーバート・サイモンは、問題解決について次のような定義をしています。

> 問題解決は目標の設定、現状と目標との間の差の発見、それら特定の差異を減少させるのに適当な、記憶の中にある、もしくは探索による、ある道具または過程の適応というかたちで進行する。
>
> (Simon 1977; 訳書 1979: pp. 95–96)

サイモンは、キャンプを例に挙げてこの問題解決がどのように進むかを説明します。私たちはいま、森の中でキャンプをしています。そこで料理を食べたり作業をするためにテーブルが必要になりました。この「テーブルの不在」という問題を解決するために、私たちは以下のように階層的に解決の方法を考えていきます。私たちはいまテーブルという平らで水平な木の板を必要としている。私たちの周りにはいろいろな種類の木が生えており、いくつかの道具がある。私たちが欲している平らで水平な木の板と周りのものの差異は何か。その差異を減らすためにはどのような道具を用いればよいか。

形式張った表現ではありますが、一般的な問題解決はこのようにある目的に対して用いることのできる手段の関係として描くことができます。私たちはある問題を解決するために、自らの記憶の中にあるすでに解決方法のわかっている問題にたどりつくまで、階層的に下位問題を生み出していきます。

サイモンによれば、問題とは、現状と目標の間のギャップのことです。問題というとあらかじめ存在しているようなイメージを持ちがちですが、問題は継続的につくられていきます。逆説的に言えば、目標や理想が描けるとき、そこに問題が現れます。さらに、サイモンの別の著書では次のようにも述べられています。

現在の状態をより好ましいものに変えるべく行為の道筋を考案するものは、誰でもデザイン活動をしている。物的な人工物を作りだす知的活動は、基本的には、病人のために薬剤を処方する活動や、会社のため新規の販売計画を立案し、あるいは国家のために社会の福祉政策を立案する活動と、なんら異なるところはない。(Simon 1969; 訳書 1999: p. 133)

現状が問題を孕んだ状態であった際に、それをより好ましいものに変えるべく行為の道筋を考案する。その選択肢は、既存の記憶にあるものだけとは限らず、ときには探索を通して発見されます。結果として選択された行為がうまくいった場合、問題が解消される。つまり、デザインをするということは、何かしらの問題を解決する、ということです。

先ほどの食事の例で言えば、お腹が減っているが、あまり重いものは食べられない(問題)。この状態を解決すべくトマトとツナ缶を使って料理をし、満足を得ようとします。私たちはときにはレシピを検索するなどして、問題を解決するために新しい行為の道筋（料理の仕方）を考案します。ただし、もちろんこの活動は私たち自身の持つ知識や時間、道具や能力などのリソースの制約を受けます。そのような中でも満足を得ようと試みること、これが基本的な意味でのデザインです。

サイモンは、このような人間の認知能力の有限性を前提にした、「限定合理性（bounded rationality）」による意思決定モデルを提案しました。限定合理性とは、従来の経済モデルで考えられてきた人間の認知の限界を考慮しない「客観的合理性（objective rationality）」に対して提案された概念です。客観的合理性の成り立つ世界では、世界は論理と計算で必ずとるべき行為が決まります。まさに「選択の余地のない」真に合理的な選択がなされていきます。

ただし、現実の私たちはそれぞれに等しくなく、保有するリソース（認知能力、時間、経験、環境など）が異なります。限定合理性は、このような人間の限定性を前提にします。私たち人間は自身を取り巻く状況を完全に把握し、とることのできる行動の選択肢のすべてを列挙することは不可能である、という考え方に基づいています。

すべての選択肢を検討し、その中で最適な選択肢を選ぶ（もしくは選ぶ必要さえない）とされていた「経済人モデル」とは異なり、私たちのような現実社会の「経営人」は、ある程度の満足度が得られる水準である「満足化水準（satisfactory standards）」を基準にして主観的に行動を決定します。私たちは、さまざまな制約の中で、自分たちを満足させようとやりくりする。まさにこの人間的な行為こそを、サイモンはデザインと呼びました（Simon 1969; 訳書 1999）。

1-1-2　グッド・ムービーとナイス・パーティー

それでは、デザインすることと問題解決をすることは同義でしょうか。

デザイン学者のアルマンド・ハチュエルは、デザインの問題解決の側面についてユニークな例を用いて説明しています（Hatchuel 2001）。次のようなシチュエーションを想像してみてください。

グループ1は、週末に映画を見にいくことを企画しています。グループのメンバーはそれぞれ、まずは今週末に何の映画が放映されているのかを調べます。調べ終わったらそれらの情報を持ち寄って、どのようなテイストの映画を見にいくのかを決めていきます（たとえば、SF、アクション、ホラー、サスペンスなど）。その後、今度はインターネットサイトにあがっているクチコミなどを調べていきます。監督や出演している俳優などさまざまな評価軸から鑑み、最終的にみんなが満足できると思われる映画を決めます。

これは、先ほどのサイモンの限定合理性に基づく問題です。私たちは、どの映画を見るかを決める前に、すべての映画を見て判断することはできません（本末転倒です）。また映画にはそれぞれいろいろなテイストがあり、評価軸もさまざまにあるため、グループの中での「グッドな」映画とは何かという定義もあいまいです。さらに、実際に最初から最後まで見てみるまでは、どういう良さがあるのかわかりません。このような事前にすべてのことが把握できない、制約された状況の中でも、私たちは自然に自分たちが知ることのできる情報を探索し、満足できるであろう水準を見極めてどの映画を見るのかを選択することができます。

一方で、グループ2の場合はどうでしょうか。グループ2は、週末にパーティーを開く計画しています。こちらも同様に、みんなが満足できるための企画を考えていくのですが、先ほどの例とは大きく異なる点があります。それは、企画すべき「パーティー」という概念そのものがあいまいである、ということです。

映画の例では、「映画」が何であるかということに疑問を持つ人はほとんどいないと思います。映画は映画であり、映画館で現在上映されているものの中から見るべき一本を選ぶことで満足しようとします。一方でパーティーに関しては自分たちで一から企画しなければなりません。またパーティーといっても、どのようなパーティーを行うのか。これには明確なかたちがないため、定義をどこまでも拡張することができます。たとえば、クリスマスが近いからクリスマスパーティーを計画してみてもいいかもしれません。その場合はサンタやトナカイ、雪だるまなどの格好をすること。ツリーを用意すること。こういったなんとなく既視感のあるような企画を考えることもできますし、これまでにないようなサプライズを用意することもできるかもしれません。

さらには、そこにどのような関係の参加者を、何人くらい募るのかも考える必要があるでしょう。そうするとそこに参加するその人たちが何を望んでいるのかを考えて、それを満たすようなアイデアを取り入れることもまた必要になってくるかもしれません。

ハチュエルはこのように、デザインの持つ従来の問題解決の範疇に収まらない側面を指摘し、サイモンの言う限定合理性に対して「拡張可能な合理性（expandable rationality）」という言葉でこれを説明しました（Hatchuel 2001）。拡張可能な合理性とは、選択する対象の性質そのものがあいまいで拡張可能であり、それゆえに合理性の判断基準もまた解釈（「パーティーとは○○だ！」という認識）によって限りなく変化し続けるという性質を意味しています。言い換えれば、この認識がどう構成されるかによって、その問題解決の方向性も大きく異なってくる、ということが指摘されるのです。

ハチュエルは、実際の活動レベルにおけるデザイン・問題解決では、この拡張可能なコンセプトを考え、提示することもその行為の範疇に含まれるのではないかというように考えました。つまりデザインとは単に既存の情報の探索と選択による問題解決ではなく、ものごとの解釈を含んだ新しい可能性をひらくものであるということです。

この解釈というプロセスは、実際の行動レベルでデザインを考える際には非常に重要になってきます。デザイン論の議論においては解釈学派として位置づけられるドナルド・ショーンもまた、デザインの解釈性を強く指摘しました。ショーンは、「省察的実践家（reflective practitioner）」という、問題状況とのインタラクションから内省と学習を繰り返す専門家像を描き出したことがよく知られています（Schön 1983）。ショーンは、高い科学的専門性から得られる「技術的合理性（technical rationality）」を盾に、標準化された知識をそのまま問題に当てはめる専門家像を強く批判しました。そして問題解決における解決的な側面よりも、問題状況に一定の枠組みを与える活動である「問題の設定（problem setting）」の重要性を述べました。

ショーンは解釈の重要性を次のように述べています。

現実世界の実践においては、問題は実践者にとって所与のものとして見出されているわけではない。現実世界は私たちを当惑させ、手を焼かせ、不確定であるような問題状況の素材の中から問題を構成しなければならない。問題状況を問題に移しかえるために、実践者はある一定の仕事をしなければならない。そのままでは意味をなさない不確かな状況に一定の意味を認識しなければならない。
(Schön 1983: 訳書 2007: p.40)

パーティーの例で私たちは、まず「パーティー」が指すものを考えました。それは関係者の間でさまざまに異なる可能性があります。しかし、このパーティーの「意味」を提案し共通の認識へと押し上げれば、後はそれをどのように実現(解決)することができるかを考えることができます(たとえば、「『お互いに今まで知り合ったことのない人』を、『美味しいご飯』と『お酒』と『音楽』で仲良くさせる社交的な場」こそをパーティーと呼ぶなど)。ショーンはこの解釈を与えることを「名付け(naming)」と呼んでいます(Schön 1983)。パーティーにはなんとなくイメージがありますが、それ以外にも私たちは何かの出来事に出会った際に、そこに意味を付けたり、メタファーを用いて状況を説明します。ものごとや状況にこの名付けをすることで、私たちはその事柄に注意を注ぐための「フレームを与える(framing)」ことができるようになります。この名付けとフレーミング(解釈)を通した適切な問題の設定が、正しい問題解決を導くのです。

1-1-3 厄介な問題（Wicked Problem）

これまでの議論を整理すると、デザインはさまざまな制約の中でもみなが満足のいくように、問題状況を解釈しながら行う問題解決活動であるということでした。このようにまとめると、実はデザインがなされているか否かを決定するのは、取り組まれる問題の性質にあると考えられることに気がつきます。それでは、どのような性質を持つ問題がデザインの必要な問題なのでしょうか。

デザイン学者のリチャード・ブキャナンは、複雑な問題を解決することがデザインの仕事であると考えています（Buchanan 1992）。特に、このデザインが扱う問題の独特の性質について、ホースト・リッテルとメルヴィン・ウェバーの提唱した「厄介な問題（wicked problem）」を例に挙げて説明しています。

厄介な問題とは、次のような法則を持つ問題のことを指します。

1　厄介な問題には決定的なかたちがないが、そのすべての定式は、解決策（の方向）の定式化に対応する。
2　停止する（終える）ためのルールがない。
3　解は、真か偽かではなく、良いか悪いかだけで判断される。
4　問題の解決に対して許容されるオペレーションの一覧表がない。

5　常に複数の説明の可能性があり、その説明はデザイナー（問題解決者）の世界観に依存する。
6　すべての問題は、他の「より高次の」問題の兆候である。
7　問題の定式化や解決策には、確定的なテストがない。
8　問題の解決は、試行錯誤の余地のない「一発勝負」の作業である。
9　すべてがそれぞれにユニークである。
10　解決者には、間違える権利がない。行動に責任を負っている。

（Rittel and Webber 1973 より。小カッコ内は筆者が付け足した。）

まず、厄介な問題には決定的なかたちがありません。これは先ほどのパーティーの例のように、多くの現実のテーマがあいまいで「不定形（ill-structured）」（Simon 1973）であるということから理解できます。定形の例としては、たとえば「八角形の内角の和は何度であるか？」というようなものが挙げられますが、「未来の車はどのようなものか？」という問いは不定形です。こうすればこうなる、というような形式が存在しない以上、問題自体がどのように成り立っているのかということをまずは解釈しなければなりません。

リッテルとウェバーは、その例として「貧困問題（poverty）」を挙げます。貧困問題の性質を定義するのに何が必要かを考えてみます。貧困とは市民の収入が低いことを指すとしましょう。ではその原因は何でしょうか。国や地域の経済の不備でしょうか。それとも認知能力や職業能力の不足からくる労働力の不備でしょうか。後者の場合には、問題の設定や解決策に教育のシステムやプロセスに関する何かが求められるでしょう。では、教育システムの問題はどこにあり、その改善とは何を指すのでしょうか。

あるいは、その原因は心身の健康状態にあるのでしょうか。そうであれば、その病因を考慮し、現在の医療サービスの中からもっともらしい原因を探さなくてはなりません。または、これは文化的剥奪、空間的疎外、自我やアイデンティティの不足、政治的・社会的スキルの不備を含む問題でしょうか……。

このように厄介な問題には、先ほどのパーティーの例のように解釈の方向性が無数に存在しています。考え出されたどのような解釈も、本質的に間違っているということはありません。

それでは、「すべての定式は解決策（の方向）の定式化に対応する」とはどういうことでしょうか。

私たちは時間をかけてさまざまな解釈の方向性を検討していき、「ああ、これこそが困難の原因だ」と気づく瞬間にたどり着くでしょう。その瞬間、初めて問題が定式化され、理解することができます。たとえば、「貧困問題の原因は、メンタルヘルスを向上させるサービスの不備にある」ということを確信した場合に、それはメンタルヘルスに関する問題として一気に定式化されます。

これは実は同時に「貧困問題の解決策（の方向）」を考えているということにほかなりません。「メンタルヘルスを向上させるサービスの改善」という解決策が同時に付いてきます。これは、メンタルヘルスの不備」を解決する際には、「メンタルヘルスを向上させる方法＝貧困問題を解決する方法を考えるのと同じことです。解決策の方向性が定式化されたとき、まさに問題が定式化されるのです（法則1）。

では、この解決方法の検討活動は、いつ終えることができるでしょうか。厄介な問題には十分な理解に達したという基準がないため、新しい情報を得るなどの探索を続けることで、よりよい解決策が提案される可能性をいつまでも広げていくことができます。すべての解決策が見つけられて、検討されたということを証明する基準はありません。問題解決者は、「もう十分だ」「この範囲の中では、これがベストだ」「この解決策が好きだ」という非論理的な理由でしかプロセスを止めることができません（法則2）。

また、アイデアの探索を続けるか、止めておくかはもちろん、実際に解決策を実行するかどうかも判断の問題になります。この判断をするための明確な基準も存在しません。実行可能なアクション・プランは現実的な判断に依存しており、プランにどのくらいの信頼性があるのか、それが社会において容認されうるアイデアなのかどうかなどを鑑みて検討されます。最終的には、当事者の間で「やってみよう」と思えるかどうかという極めてあいまいな基準に依ります（法則4）。

また、その解決策は、正しい／正しくない（真か偽か）では判断することができません（法則3）。なぜなら解決策は個人の興味や嗜好、価値観、イデオロギー的傾向など幅広い規範的な観点から判断されるからです。そのため、良い／悪いか、さらには満足するか、十分と感じるかどうかといった観点から倫理的に判断されます。

そのため、解決策に関する論理的な説明の道筋も無限につくることができます（法則5）。この道筋の選択は判断する人々の性質と同様に、説明者の態度的な嗜好性によって恣意的に決められます。多くの人々は自分の意図に最もフィットする望ましい説明を選びます。

そしてこの種の問題は、より高次の問題と繋がっている可能性が高く、また根本的な原因となるレベルがありません（法則６）。どのレベルで問題を解決したとするのかは、解決者の判断にかかっており、論理的な根拠で決めることはできません。また漸進的に問題を解決したとしても、それが全体の問題解決につながっているかどうかはわかりません。

さらにすべての厄介な問題は本質的に独自性を持っています（法則９）。これまで経験した問題との間に類似性があるように見えても、直面した問題の特殊性が、すでに知られている他の問題との共通性を上書きしないとは限りません。

デザインは真実を明らかにすることを目的とせず、人々が生活する世界のある側面をより良くすることにあり、その行動に影響を受ける人々の分も責任を負います（法則10）。厄介な問題の計画では、すべての解決策は「結果的」であり、同じ条件のもとにやり直しをすることはできません（法則８）。加えて、その解決策の効果を完全にコントロールしてテストすることはできません（法則７）。解決策は長期間にわたって結果の波を生み出すことになります。もしかすると、明日の状況によってはその解決策はうまく機能しないかもしれません。さらに完全な結果はその波が止むまでわかりませんし、事前にその波を追跡することは不可能です。

一息で説明してしまいましたが、ブキャナンはこのリストにあるような、まさに実践者を悩ませる厄介さ（wickedness）を持つ問題の解決こそが、デザインの範疇であると指摘しました。デザインが必要な理由は、まさにこの種の問題が現実に存在しているからにほかなりません（Buchanan 1992）。デザイナーとはまさに、この種の問題解決に取り組む実践者のことを言います。

1-2　デザインと科学（的なもの）

1-2-1　「である（is）」と「べき（ought to be）」

ところで、これらの問題は、伝統的に科学が扱ってきたそれとは異なる性質を持っています。基本的に科学は既存の法則を前提にしてものごとを「理解」しようとする意図でなされます。たとえば、「なぜ空は青いのか」という問いに答えてみます。地球の大気が窒素分子と酸素分子からなるというよく知られている事実があります。また気体分子は光を散乱させ、その光は気体分子に衝突するという法則があります。この散乱の光量は光の波長の4乗分の1であることがわかっています。青色光の波長はその他の色の光よりも短いため、青色光の散乱係数はその他の色の光よりも大きくなります。それゆえに、地球の大気中の分子はどの色の光よりも青色の光を大量に地表へと散乱させるために、大気が青く見えます。

このように、科学はすでに知られている法則を元に、ものごとがなぜ今そうであるのか、「である（is）」を理解していくアプローチであると言えます。空が青いこと自体は自然でなんら問題はなく、それがどういう因果関係でそのような状態になっているのかがわからないだけです。

一方で、デザインは「べき（ought to be）」を考えます。～であるべきという考えは、科学ではなく哲学が担当する領域です。そこでは価値観や倫理観といったものを含む「規範的（normative）」なものの考え方が必要とされます。

たとえば、感染症対策について考えてみます。私たちは新型コロナウイルス感染症のパンデミックの中で、ウイルスについて多くの知識を得ました。感染症がなぜ起こるのかを科学的に考えると、感染を引き起こす微生物である病原体、病原体が寄生する対象である宿主、病原体と宿主をつなぐ道である感染経路の三点から、それぞれの要素をどのように取り除くのかが鍵になることがわかっています。これを完全に取り除くには、究極的にはロックダウンのような人と人との物理的なコミュニケーションを強制的に断つやり方が効果を発揮します。

しかし、それは本当に私たちの望むあるべき姿でしょうか。政府は国民に、消毒と洗浄、体調管理とワクチン接種、マスクの着用と手指衛生などを呼びかけることによって、できる限り人間的な生活を大事にしてもらおうとしました。もちろんこれには賛否両論あります。しかし、少々楽天的な考え方かもしれませんが、私たち自身に「どうあるべきか」を考える余白を残してくれたように思います。このような「あるべき」を考える余白にこそ、デザインが入る余地があります。

設計学やデザイン学を探究してきた吉川弘之は次のように述べています。

> 人類は多くの科学的知識を使って人工衛星の打ち上げに成功した。有人衛星で宇宙飛行士が何ヶ月も暮らしている。そして衛星で暮らす人のために、食糧を届けることができる。しかし、紛争地域で飢餓に苦しむ人たちに食糧を届けることはできない。（吉川 2020: p. 2）

吉川は、火星に現代人を送ることができていない理由は科学的に説明することができるのですが、紛争地域に食料を届けられないことを科学的に説明しようとすると、それが途端に難しくなると説明しています。なぜならこれは多様な問題が蜘蛛の巣のように結びついているからです。大きなレベルでは、貧困問題、環境問題や国際関係の緊張、気候変動やパンデミックへの対応が必要とされていきます。これらはそれぞれがさまざまなレベルでさまざまな問題と密接に、お互いに影響し合っています。現代的な社会問題の多くは、コントロールすることのできない開放系（open-end）の性質を持っていると言えるでしょう。

イギリスの哲学者であるカール・ポパーは、「雲と時計について」というエッセイの中で、時計のような「秩序があり、予測可能で、還元可能で、機械的なシステム」と、雲や天気のように「非線形で、無秩序で、予測不可能で、自然主義的で、解釈の余地があるシステム」を区別していました（Popper 1972）。現実には、今でも私たちは明日の天気も満足に予測することができません。後者のシステムが適応される問題は、本章で扱ってきた厄介な問題のように、確実なコントロールの下に現実を理解しようとする科学的態度では解決することが困難な性質を持っています。

私たちの身の回りの現実はこの種の問題であふれていると言えないでしょうか。この種の問題を解決するために、私たちはどのように行動するべきでしょうか。厄介な問題の法則のリストを一覧するとどこから手をつけるべきなのかわからず、途方に暮れてしまいます。しかし落ち着いてよくよく一つひとつの法則を現実に当てはめて考えれば、やり方が見えてきます。

私たちは新型コロナウイルス感染症のパンデミックの中で、事実たくさんの新しい「やり方」をつくってきました。感染を防ぎながら生産性を維持するために、感染症が蔓延しないためのお店の内装を考案したり、職場環境においては椅子や机の配置を、またICTを駆使したテレワークを推進して働き方を新しくデザインしました。また、今までにはなかった家での時間の過ごし方や遊び方などを考えて、自分たちの生活をより良いものにしようと努力してきました。これまでの人間の生活と比べてこのような新しい習慣が正しい／間違っていると言えるのかどうかはわかりません。またその効果を示すための確定的なテストもありません。しかし、私たちは日々あるべき姿を考え、試行錯誤を繰り返すことができています。

1-2-2　つくること（making）

この種の厄介な問題の解決には、共通して必要なことがあります。それは、「つくること（making）」です。簡単なことのように思えますが、実はここに科学的なアプローチとデザイン的なアプローチを分ける本質的な境界があります。

先ほど、私たちは日常的に試行錯誤を行っていると述べました。試行錯誤とは、新たな選択肢をつくり・試し、失敗を重ねながらもその中に解決策を導き出していくという意味の言葉です。フランスの人類学者であるクロード・レヴィ＝ストロースは、このつくるという行為を題材に、科学的な創作行為であるエンジニアリングと日常的なそれとしての「ブリコラージュ（器用仕事）」を比較しています（Lévi-Strauss 1962）。

エンジニアリングとは科学的で分析（analysis）的な視点からものをつくる方法です。エンジニアは、まず初めに明確な目標を立てた上で、その目標を達成する手段や法則を理解しようとします。目標の達成には綿密な計画が必要とされます。彼／彼女らは作成した計画をもとに、必要な器具や材料を特別に用意することで、目標を達成することができるものをつくります。このようにエンジニアは、先ほどのポパーの時計の例のように、秩序があり、予測可能で単純さに還元可能なものとしてものごとを理解しようとする、還元主義的な世界観からものづくりに取り組みます。この科学的なアプローチではプロセスのあいまいさは排除されており、計画のとおりに作業が進行します。そこには正確な設計図があるため、極端に言ってしまえば「つくる前からつくられるものは出来ている」と考えることもできるでしょう。

一方でブリコラージュは器用仕事と呼ばれるものづくりの仕方であり、身の回りの持ち合わせの道具材料を用いて、自分の手でものをつくります。この持ち合わせの材料とは、目標の達成のために特別に用意されたものではなく、「まだ何かの役に立つ」だろうと思い、引き出しにしまっておいたものです。これはたとえば今までの工作の過程で余った材料や欠片のような素材です。器用仕事を行うブリコルール（器用人）は、目標に対する大雑把な計画を決めると、すぐに後ろを振り返り引き出しの中から使えそうなものを探します。あえて綿密な計画は立てずに、目標をオープンにしたまま、差し当たって自分の手の届く範囲の中でものづくりに取り組みます。扱う素材は、それぞれ何かの役に立つ資材性（潜在的有用性）を持っています。資材はそれぞれに有用性を保ちながら、その状況においてあるべき姿をつくり出すために用いられ、一つの形態に集約されていきます。

ブリコラージュで描かれるものづくりでは、状況は雲のように揺れ動き一定の形を持たないため、計画は当初の意図通りには進みません。変化する状況の中で、エンジニアリングのように条件を排除しながらコントロールしようとするのではなく、状況の解釈を続けながら、また素材の資材性を通してときには手段が目的にも変化しながら、自分の持つ手段の集合と計画の妥協としてものづくりが進行します。

これらの二つのものづくりの例は、同じつくるという行為を説明していながらも全く逆のアプローチを描いています。そして結論から言うと、複雑で構造の不明確な厄介な問題に代表される状況においては、後者のブリコラージュのアプローチが有効です。先ほど述べてきたように、厄介な問題は解が生み出されて初めて定式化されるため、事前に客観的に評価することができません。そうであるからこそ、初めから緻密な計画を立てずに、自分の手の届く範囲でできることを試していく。まさに試行錯誤を繰り返していくことが、この種の問題の解決には欠かせません。実際に私たちは感染症拡大の変化する状況の中で、マスクがなければバンダナやハンカチを加工してこれをつくり、アクリルの板を活用して飛沫を避けながらコミュニケーションがとれる環境をつくりました。これは科学的にはベストな方法ではないのかもしれませんが、あらかじめそのために用意された材料ではなくまさに持ち合わせの素材を用いて危機に対処しました。先行きの見えない状況の中でただ待つのではなく、解決策をつくって試してみること。これは私たちが本能的に知っていて、日常的に行っている厄介な問題の解決の方法なのです。

1-2-3　想像力（imagination）

ところで、エンジニアが行うそれと比べて、ブリコルールが行うそれは行き当たりばったりで、お粗末なものに映りませんか？　しかし、こういった行き当たりばったりで事前に計画できない偶発性や即興性の中にこそ、つくるということの本質を見ることができます。

イギリスの人類学者のティム・インゴルドもまた、このつくるという行為に着目しています。さらにインゴルドは、時計職人の例を用いて単につくるという行為とデザインの違いを説明します（Ingold 2013）。

時計職人は、歯車やバネなどを組み合わせて一つの時計をつくっていきます。ただしそれは、あらかじめ用意された設計図の中で決められた部品を決められた場所に配置していくようなやり方では進みません。時計づくりはまず一つの歯車とバネから始めて、次第に素材の点数を増やしながら、それらの収まりを探っていくことで進んでいきます。作業が進行していくにつれて、それらの部品は互いに緊密に相互を支え合うようになり、納まるべきかたちへと落ち着いていきます。ここでの製作者の役割は、他の部品との関係において個々の部品を調節し、また応答しながら、共鳴しはじめるように仕向けることです。それぞれの部品が持つ資材性を理解しながら、それがどのような役割を持ち、どのようなかたちにまとまりたがっているのか、そういった感覚をもとに綜合していきます。このような仕事のやり方は、たとえば料理人や美容師、庭師などのそれを想像してもらうとよいかもしれません。それぞれ素材との対話から一つの形をつくりあげていく仕事です。実は先のサイモンも時計職人の例を説明しています（Simon 1969: 訳書 1999: pp. 225-227)。ただし、サイモンは時計づくりは階層的に秩序だって構成されるものと捉えており、部品を組み合わせた中間組立製品をつくることによるアセンブリングの題材として描いています。それに対して、インゴルドは時計職人のより職人的なわざや仕事の仕方を強調していると言えるでしょう。

それでは、ここでつくりあげられるものはその素材の持つ性質から「なるべくしてなる」ものなのでしょうか。インゴルドはそうではなく、デザインという行為は先を見るという行為との関係の中にあることを強調します。熟練した製作者には、素材に対して一歩先んじて、一つの方向性に導いていくようなオーケストレーティングのような感覚があることを指摘し、これを「予期的な先見(anticipatory foresight)」と呼んでいます。ここで感覚的に知覚される予期・先見とは未来の予測とは異なるもので、「ものごとの最終的形態やそこに至るために必要なあらゆる手順をあらかじめ決定することではなく、行く手を切り開き、通路を即興でつくること」であると述べられています(Ingold 2013: 訳書 2017: p. 151)。これは最終的な目的地を設定するという類のものではなく、「向かう先を見る」ということに近いものです。

インゴルドは、フィンランドの建築家のユハニ・パルラスマの「デザインとは常に前もってわからない何かを探ることである」(Pallasmaa 2009: pp. 110-111)という言葉を紹介し、つくることにおけるデザインの役割は、この予期的な先見の中に希望や夢といった理想を引き寄せることであると結論づけています。

希望や夢という表現は少し抽象的かもしれません。この言葉は、サイモンの述べていた理想やあるべき姿を想像することと言い換えてもよいと思います。素材や問題の抱える制約に苛まれたとしても、希望や夢はそこから羽ばたくことができます。私たちは前もって用意された楽譜をなぞるだけの存在ではありません。自らの想像力を用いて自由に、あるべき姿を考えることができます。

もちろんこのあるべき姿もまた、さまざまな束縛を受けて限定されます。それでも私たちは前方に、向かうべき方向性を描いていきます。そしてこの起点となるのは、私たち誰もが持つ想像力です。私たち人間は、誰でも「こうあるべきだ」という理想や向かう先を思い描くことができます。これは誰しもに認められる基本的な人間の能力であり、デザインという行為の原動力になります。

1-2-4 デザイン態度（design attitude）

本章をまとめていきたいと思います。この章の初めに、食事をつくることを題材にデザインの話をしました。食事をつくることはまさにその素材性との対話の中でそれぞれの間に立ち、それらが共鳴するように仕向けることです。そしてその共鳴の中に、「こうであればいいな」というあるべき姿を引きつけていきます。これこそが厄介な問題の解決に必要な、デザイン的な問題解決の仕方です。

科学的なアプローチにおいては、極論的に言えばそもそも最終的なものをつくる必要はないのかもしれません（たとえば、料理をつくらずに、必要な栄養分をサプリメントで補ったり）。それは最終的には選択の問題、もしくは先のブリコラージュとの対比に見られる極端なエンジニアリングの例のように、選択以前の機械的な判断の問題になります（Shackle 1961）。もちろん、実際のエンジニアリングにおいても詳細な調整は必要になるでしょう。実際、説明書通りにものをつくってみてもガタついたりしっくりこないことはよくあると思います。それでも、決められた設計図と大きく異なるものはできません。そういう意味で本質的に科学はものごとを要素に分解していく「分析（analysis）」に対応することになります。

しかし、デザインのアプローチでは、問題解決プロセスの途中でつくることが必然的に求められます。なぜなら、デザインの扱う問題は構造が不明瞭で常に揺れ動き、先行きが不透明で予測がつかないからです。そのため、デザイナーは自分の保有している素材をもとに、意味や細部を変えることでものごとを再解釈し、「構成（synthesis）」することで目標とする成果に近づけていきます。まさに、「すべての定式は解決策（の方向）の定式化に対応する」というわけです。

デザインマネジメントの分野では、この問題解決に関する科学的アプローチとデザイン的アプローチの違いは「デザイン態度（design attitude）」というテーマの議論として展開されています。

デザイン態度とは、アメリカの経営学者であるリチャード・ボランドとフレッド・コロピーが提唱したコンセプトで、デザイン的アプローチの経営学分野への応用を説いたものです。彼らは、建築家のフランク・ゲーリーとの新しいキャンパスの建築に関する共同プロジェクトから、ビジネススクールで一般的に考えられているようなマネージャーの意思決定のモデルや、彼らが大学で教えている意思決定の手法とは明らかに異なる問題解決のアプローチとそれに伴う姿勢を目の当たりにしました。このデザインや建築分野の専門家に独特に見られるプロジェクトへの姿勢を、デザイン態度と名付けました。彼らは、デザイン態度を「デザインプロジェクトにもたらされる予見と志向性（expectations and orientations one brings to a design project）」（Boland and Collopy 2004: p. 9）と定義しています。このプロジェクトの後に、彼らは新たなマネジメント教育の一つの方向性として、これを中心にした「デザイニングとしてのマネジング（managing as designing）」という理念を提唱し、マネジメント教育の観点からその理念を発展させようと試みました（Boland and Collopy 2004）。

彼らのこの動きの背景には、当時のマネジメント教育の中で当然のように共有されていた、意思決定手法の厳密性を高めようとする方向性と、実際のビジネス実践との間の乖離がありました。伝統的なマネジメント教育に通底している意思決定の考え方は、さまざまな分析ツールを用いて既存の選択肢の中から合理的な選択を行うというものです。これは基本的に選択できる無数の選択肢の中から数を減らしていくことで選択をしやすくしていくことであり、人間の意志「決定」をサポートするという目的に対して効果的なアプローチです。

ただし、この意思決定の考え方の本質的な問題点は、マネージャーは単に与えられた選択肢から「選択」を行うだけの受動的な存在であり、新たな選択肢をつくることには介在できないという点にあります。このようなマネージャーの描き方とそこで強調される態度は、デザイン態度に対して「マネジメント態度」と呼ばれます。これは合理的な選択を行うためのさまざまなテクニックや手法に関連しており、選択を中心にした受動的な意思決定者像を反映しています。

一方で、彼らが提唱したデザイン態度は、異なる考え方を反映します。それは、問題を解釈して再形成し、新たな選択肢を創出することに関わる姿勢です。この見方から見れば、マネージャーは客観的で受動的な存在ではなく、限られた資源の中でも自ら状況を変化させ、組織とステークホルダにとって望ましい状況や選択肢をつくり出す能動的な存在として描くことができます。この行動的な性質は、起業家論では因果推論をもとにしたコーゼーション（causation）に対して、実効性を強調するエフェクチュエーション（effectuation）の議論として展開されています（Sarasvathy 2006）。この議論では、実社会での連続起業家を対象にした研究から、自分の手の届く範囲の中で、リソースをパッチワークのように繋ぎ合わせて市場を開拓していく実際的なプロセスが説明されています。

ここでは起業家やマネージャーの話をしましたが、ほとんどのビジネスパーソンにとっても同じことが言えます。私たちは日々の仕事の中で多くの問題と向き合い、それらの解決に携わっています。しかし、ことビジネスの話になると、私たちはなぜかこのような創造的なデザインの姿勢を小さくして奥に隠す傾向があり、代わりに合理的な選択を求めるマネジメント態度を前に出しがちです。既存の選択肢の選択の精度を高め、誰もが疑うことのない基準を満たすことに躍起になって、新しい選択をつくることを忘れてしまいます。もちろんみなが納得する基準や物差しを使ってリスクを避けることは重要です。ただし、今日の不安定で急速に変化するビジネス環境の中では、ますますこの能動的な姿勢が求められるようになってくることは間違い無いでしょう。これらはまさに厄介な問題の性質を持っており、その解決にはデザイン的な姿勢が必要となるのです。

現代のビジネスは、荒れた海の中で向こう岸に渉ろうとするような状況にあると考えられます。しかし、たとえどれほど不安定で先行きの見えない状況下においても、自らの手の届く範囲の中で、資材をやりくりしながら対岸を近づけていく。このような問題解決の仕方や態度を、私たちは身につけていかなければなりません。でも、特別に恐れる必要はありません。なぜなら、私たちは誰でも普段は自然にデザインをしているのですから。一歩踏み出す勇気があれば、誰でもデザイナーになれるのです。

2章

デザイン知

2-1　デザイナーが知を生成する方法

2-1-1　デザインにおける方法知

前章から、私たちが普段から慣れ親しんでいるデザインという言葉が何を指しているのか、特に問題解決という行為の観点から理解してきました。その中で、私たちが日常的に出会うさまざまな問題の多くが、実はこのデザインが扱うべき問題であることを説明してきました。議論の土台をつくるためにも前章では少し抽象的な角度から議論をしてきましたが、ここからはもう少し具体的な知識の観点からデザインという行為の理論的な土台を探っていきたいと思います。特に、デザインの専門家であるデザイナーの研究を見ることを通して、どのような思考や実践に関する知識がこれを可能にしているのかという視点から議論を展開していきます。

これまでの議論をおさらいしておくと、デザインは不確定性が高く開放的な性質を持つ厄介な問題を解決するための方法であり、さまざまなリソースとの対話の中にあるべき姿を引きつけていくアプローチであるということでした。原理的にはこのような行為を仕事として、より専門的に行っているのがプロフェッショナル・デザイナーであると言えるでしょう。

このプロフェッショナル・デザイナーの実践に伴う具体的な思考の仕方や実践の方法に関する知識は、デザイン研究者の間では「デザイナーが知を生成する方法（designerly ways of knowing）」というコンセプトのもとで理解されています。イギリスのデザイン研究者であるナイジェル・クロスは、デザイナーは科学者ともアーティストとも異なる、独自の知識体系を身につけていることを指摘し、これをデザイナーが知を生成する方法という言葉で説明しました（Cross 1982）。

これは、一言で言えばデザイナーの仕事の仕方に伴う方法知を指した言葉です。たとえば、彼／彼女たちは、科学者とは異なり極めて帰納的な仕事の仕方をします。帰納的な仕事の仕方というのは、自分の持っている知識や理論を現実に当てはめて考えるのではなく、状況との継続的なやりとりの中で得られる経験を直接的に参照することで、その都度その状況に合わせたユニークな知識を構築していくやり方を意味します。

これは、前章で紹介してきた厄介な問題を解決するための方法に関する知識の体系と言えます。厄介な問題の性質自体が「すべてがそれぞれにユニークである（前節のリストの法則9を参照）」以上、デザイナーは常に新しい問題に取り組んでいると言えるでしょう。開放的でそれぞれ独自の構造を持つ厄介な問題を解決するには、その状況に合わせて即興的かつ継続的に知識を更新していくアプローチが必要となります。前章で説明したように、厄介な問題の解決には、解決策をつくるということが重要でした。

プロフェッショナル・デザイナーはより敏感に、問題の所在がどこにあるのかを探っていきます。その中でさまざまな可能性をもつ解釈をつくり・試し、そこから洞察を得てまた問題に立ち返りながら、問題に対して解決策がぴったりと「はまる（fit）」状態を目指していきます（Dorst 2019）。デザイン実践の過程においては、問題の定義と解決策がお互いに影響し合い、どちらも活動の中で大きく変化していきます。このようなデザインのアプローチは、学習に近いものであるとも言えるでしょう。特にデザイナーは「行為を通した学習（learning-while-doing）」を通して、状況に合わせた独自の知識を構築していきます。

たとえば、デザイン学者のブライアン・ローソンは、建築学部の最終学年の学生と科学系分野の学部の卒業生を被験者に比較実験を行い、それぞれの問題解決の戦略の違いを明らかにしています。ローソンは四色の異なる形のブロックを用いて、シンプルながらも現実のデザイン状況に近似する問題をつくりました。被験者は、縦の面に赤と青、横の面に白と黒の色がついた四つのブロックが与えられ、そのブロックの一部を格子状に配置して、できるだけ青か赤に近い色の壁をつくるように求められました。

結果として、科学系分野の卒業生はまず問題の構造を分析することを行い、構造を理解した後に初めて問題を解決するための配置を始める傾向がありました。一方で、デザインを学んだ建築学部の学生は、ルール上高得点となるような解答をまず並べて、それが条件を満たすものなのかどうかを後で確かめる戦略をとる傾向があることが明らかになりました（Lawson 1979）。

このような実験ひとつをとってみても、デザイナーやそれに関わる職業の問題解決のアプローチがいかに試行錯誤的なものであるかを理解することができます。手を動かしながら考えることで、複雑な問題の構造を学んでいくのです。

2-1-1-1 手続き的知識 (procedural knowledge)

ところで、先ほどから何度も「知識」という言葉を用いていますが、これが何を指すのかをここでもう少し丁寧に説明しておきたいと思います。

イギリスの哲学者であるギルバート・ライルは、私たちの持っている知識を二つの側面に切り分けて考えています。一つは、「宣言的知識（declarative knowledge）」と呼ばれるものであり、これは「AがBである」といったような、事実や命題、規則などに関連する形式的な知識を指すものです。これに対して、「手続き的知識（procedural knowledge）」とは、何かしらのやり方や技能などを指します。たとえば、「自転車は移動するための乗り物である」という知識が前者の宣言的知識にあたり、「自転車の乗り方」が後者の手続き的知識にあたると言えます。後者の知識は言葉では表現することが困難な性質を持っています。実際に自転車の乗り方は非常に複雑な運動を必要とし、これを口頭で伝えることはほとんど不可能です。

ライルは、この手続き的知識は、ユーモアの語り口や料理の仕方、チェスの指し方などの多くのものごとのやり方に関連するものであり、宣言的知識にあたる「何であるかを知っている（knowing that）」ことも重要ではあるものの、実践の中で適切に行為することができる方法知を得ること、つまり「やり方を知っている（knowing how）」ことこそが人間の知性において本質的なものであることを指摘しています（Ryle 1949）。

さらにライルは、この仕方に関する方法知を通した実践は、事前に手順や規則、基準を理解し、それを意識的に適用することでなされるものではないことを主張します。このような宣言的知識を前提に実行へと移していく主知主義的な見方（人間の意識的な知性を重視する見方）は、人間の実践を理解するためには十分でないこと、むしろ実践者は単純に実践という単一の過程を首尾よく行っているだけであることを強調しています。

たとえばチェス・プレイヤーはゲームの中で次の手を熟考することがしばしばありますが、それらがすべての定石やルールを参照したうえで行われるわけではありませんし、コックはすべての手順を暗記した後に作業にかかるわけではありません。ましてや冗談を言う人は場のルールや手順を事前に理解しているとは到底思えません。私たちの実践は本来、身体と知性を持つ心とを切り離して考えるような考え方（『機械の中の幽霊』（Ryle 1949））では理解することが困難な無意識的に行われるものなのです。

これらの方法知に関する性質は、前章でのショーンの技術的合理性と相対する省察的実践の議論やエンジニアリングとデザインの対比の議論、先ほどのブロックを用いたデザイン問題の解決の仕方にも近いものがあると思います。実際の熟考の程度の差こそあれ、デザインにおける知識の多くは解決策をつくりながら考えていくことに関連するものであり、この方法知に関するものであると考えられます。

2-1-1-2　傾向性（disposition）

さらにライルは、行為のやり方に習熟している人は、性格のようなある種の「傾向性（disposition）」を備えていることを指摘します。傾向性とは、ある条件の下ではそうなりやすいという性質のことですが（例：砂糖は水に溶けやすい、ある素材が電気を通しやすいなど）、このような性質は物質だけでなく人間にも当てはまります。人間に関する傾向性は、たとえば「〜ができる（-able）」といった言葉で表されるような、能力として認識することのできる性質として理解されます（例：フランス語が話せる、スキーができる）。

重要なのは、この人間に付随する傾向性は、前述のような決められた手順で機械的にものごとを処理していくような主知主義的な一辺倒の実践を生み出すのではなく、多様な出来事や状況に対応してその文脈において妥当な実践を生み出していくことを可能にするものであるということです。つまり、方法知とは、何かを正しく行うために規則を常に参照することなく、臨機応変に首尾よく、巧みに状況に合わせた実践を行っていくための知識であるということが言えます。ライルはこのような知識を持って行う実践こそが「理知的（intelligent）」であると評しました。

フランスの哲学者であるピエール・ブルデューもまた、この実践に伴う傾向性について触れています。ブルデューはこれを身体化された傾向性、またそれの集合体である「ハビトゥス（habitus）」として説明しています。ハビトゥスは「実践感覚」や「ゲームのセンス」のように、さまざまに揺れ動く状況の中で適切な行為を無意識的に、繰り返し行えるような人間の知的な営みを可能にするものであるとされています。ライルの主張と同様に、この感覚やセンスは規則ではなく戦略であり、個人のさまざまな実践を生み出す身体化された図式であると考えています。

一方でライルの議論との大きな違いは、ライルの傾向性は訓練によって獲得される個人の巧みな技能や能力のようなものを指しているのに対して、ブルデューのそれは集団や階級などの社会的な構造に影響を受けて個人に身体化される生成原理であるという点にあります。ブルデューにとって傾向性は個人の状況的で即興的な実践を生み出すものであると同時に、構造から制約を受ける縛られたものでした。これはある専門家団体が同じようなものの考え方をしたり同じようなことを好むといった社会的な傾向をも説明します。個人の理知的な傾向性は単純に個人に属するものではなく、社会的な関係の中で成り立つものであると定義しました（Bourdieu 1980）。

2-1-2　ガイディング・プリンシプル

少々脱線してしまいましたが、デザイナーの実践もまた、これらの方法知に支えられています。前節で、私は「デザイナーが知を生成する方法」は方法知であると述べました。これはライルの言う手続き的知識にあたるものです。「知の生成（knowing）」という言葉が用いられるのは、科学的な理論や技術という形式的な知を「適用する（application）」道具的な問題解決との違いを表しています。

デザイナーは原理上、常に新しくユニークな問題の解決に携わる存在です。そのため、常に新しい知識を構築していかなくてはなりません。デザインの知に関わるこのような性質は、デザイナーはいつも「白紙の状態（tabula rasa）」でものごとに取り組んでいるという誤解を招くこともありますが、もちろんそうではなく、まさにその知識の構築の方法に関して、独自の方法知を身につけているのです。

このような知はプロフェッショナル・デザイナーの実践の随所に現れています。前述のデザイン学者のブライアン・ローソンは、建築学部の学生や建築家の思考過程の分析を続けることで、デザイナーが独自の指針を持って問題解決に臨んでいることを明らかにしています。特に、ローソンはこれを、「ガイディング・プリンシプル（guiding principle）」という言葉を用いて説明しています（Lawson 2006）。

ガイディング・プリンシプルとは、ある種のモラルに基づいたデザイン実践のための基礎理論であり、さまざまなレベルにおいて確認することができます。たとえば、あるデザイナーにとってこれは平面・立体の形やプロポーションの作り方のルールであり、技術やサステイナビリティに対するアプローチの仕方を決める信念のようなものです。また、ある人にとってはデザインプロセスに関する指針となるような知識であり、ユーザーとの共同の仕方に関する考え方のようなものも含まれています（Lawson and Dorst 2009: p. 180）。別の言い方をすれば、これはデザイナーがデザインをするうえでプロジェクトに持ち込む「哲学」と言えるかもしれません。いずれにせよ、この身体化された傾向性や知的システムは、客観的な事実などの宣言的知識だけでなく、モチベーション、信念、価値観、態度といった多様な要素を含んでいます。

ローソンは、デザインの方法知として、先ほどのブロック問題のように手を動かしながら考える方法（行為を通した学習）が特徴的であることを指摘し、チェスにおける「ギャンビット（gambit：最初の一手）」を例にとり説明しています。チェスはサイモンの研究から問題解決を説明する際にたびたび引用されてきた喩えなのですが、ここでローソンの説明するチェスは本来のゲームとは少しルールが異なります。現実のデザインの対象となる厄介な問題をチェスで表現する場合は、指し方に一切のルールがなく、無限に手を生み出せるようなものとして考えられます。また盤面も、チェスが8×8の中での戦いであるのに対して、大きさも定かではありません。

そのような状況においても、ギャンビットは有効です。ギャンビットは、相手に利を与えることでその後の有利な展開やテンポを得るための指し始めの一手であるとされます。デザインの場合は、これは全体のプロセスの初手ではなく、デザイン上のどのような側面を際立たせていくか、どのような問題として理解していくのかを考えるためのスタートラインを引くためのものです（Lawson 2006: p. 176）。デザイン研究ではこの最初の一手を打つという原則は「プライマリー・ジェネレーター（primary generator）」（Darke 1979）や「オーガナイジング・プリンシプル（organising principle）」（Rowe 1987）という概念でたびたびその重要性が説明されています。これらは、デザイナーの問題解決を進める指針原則として機能します。問題に対する入り口となるような最初のアイデアや解釈を生み出すことを支え、またそれをデザイン活動の起点とすることを推進し、ある程度の論理的な視点を持ってデザイン決定を正当化することを助けます。

いずれにせよ、これらは経験によって蓄積された、なんらかの判断の基準となる知です。このようなデザインの帰納的な仕事の仕方を、ローソンは建築家の実践を例に挙げながら端的に述べています。

アーティストは、彼の理論を証明するためにデザインする人ではなく、イデオロギーに合わせる人でもない… どのような建築であっても理論だけを表現しようとするものは滅多になく、非常に演繹的な仕事は、無味乾燥なものになる。つまり、われわれは帰納的に働いていると言えよう。（Lawson 2006: p. 163 筆者訳）

2-2 デザイン的思考（designerly thinking）

2-2-1 アブダクションの論理

さて、デザイナーはこのような方法知を駆使することで帰納的な問題解決を可能にしているのですが、その際デザイナーの頭の中はどのようになっているでしょうか。

前章では、厄介な問題の解決には科学的なアプローチは十分に機能しないことを説明しました。実際、デザイナーの思考過程も一般的に言うような「論理的」とは言えない側面があることが知られています。たとえば、先のナイジェル・クロスはデザインの問題解決における思考プロセスは極めてミステリアスであると評しており、現在も多くのデザインや認知科学分野の研究者がさまざまな方面から解明しようとしている最中です。ただし、このような中でもいくつかの研究において共通して理解されていることがあります。それは、デザイン的な思考過程には、ある種の飛躍を伴う「推論（inference）」の形式が採用されているということです。

アメリカのロットマン・ビジネススクールの教授であり、デザイン思考（design thinking）を経営学分野に広めた先駆者の一人であるロジャー・マーティンは、デザイン的思考は科学教育に一般的な「ディダクション（演繹推論）」と「インダクション（帰納推論）」に加えて、創造的な飛躍を伴う推論形式である「アブダクション（仮説推論）」という三つ目の推論形式が組み合わされたプロセスでなされることを指摘しています。

一般的に推論とはいくつかの前提と事実をもとに何かしらの関係性を推理し、結論を出すことです。ここで言う前提とはあらかじめ与えられている知識や情報、法則などを指します。一つ目の推論形式であるディダクションとは、一般的で普遍的な前提となる知識から、より具体的な知識を導く推論方法です。たとえば、「すべてのカラスは黒い」という前提があり、「茶色い鳥を目撃した」という事実があります。その前提から判断するに、この茶色い鳥はカラスではない。このような既存の法則に照らしてものごとを判断する形式の推論をディダクションと言います。

これに対して、二つ目の推論形式であるインダクションは、ある観察可能な事実を枚挙することによって共通する法則を導き出す思考方法です。たとえば、まず「1平方フィートあたりの売り上げ」という事実を1000店舗分調査します。この調査から得られた事実を枚挙した結果、「小さな町の店舗のほうが都市部の店舗よりも1平方フィートあたりの売り上げが著しく高い」という法則を発見します。その法則から、小さな町で店を出すべきであると判断をします。このような法則仮説を導き出す推論が、インダクションと呼ばれるものです（Martin 2009）。

では、三つ目のアブダクションとはどのような推論の形式でしょうか。アブダクションを第三の推論の方法として提唱した、科学者であり論理学者のチャールズ・サンダース・パースは、以下のような例を用いてアブダクションを説明しています。

化石が発見される。それは、たとえば魚の化石のようなもので、しかも陸地のずっと内側で見つかったとしよう。この現象を説明するために、われわれは、この一帯の陸地がかつて海であったに違いないと考える。これも一つの仮説である。（Peirce 1932 CP 2.625: p. 326; 訳は米盛 2007: pp. 54–55）

この推論形式では、「魚の化石が陸地で見つかる」という事実に遭遇したときに、「魚は海に生息する」という一般的な法則を借りてくることで、「この一帯の陸地がかつて海であったのではないか」という仮説を立てるという道筋をとっています。この仮説や法則を導き出すことを目的にして推論を行う点は、先のインダクションの例でも同様でした。実際に双方ともに結果として仮説を生み出しています。

一方でその違いは、得られた仮説が観察から導かれるかそうでないかという点にあります。たとえば先の店舗経営の例で考えれば、売り上げの法則は観察可能な事実を積み重ねることで導き出されました。それに対して化石の例では、実際に観察された事実が積み重ねられたわけではありません。ここでは何かしらの観点から関係性があると思われる他の法則を借りてきて、「あるかもしれない」可能性を想像し、最も適切と思われる解釈を発見しようとしています。基本的にアブダクション推論とは、ある驚くべき事実に遭遇した際に、何かの法則を借りることで、その事実がなぜ起こったのかを推測するという論理的な飛躍を含む形式をとります。これは結果から原因を発見しようとするような、因果的に逆方向の推論を行うものです。この意味で、アブダクションはレトロダクション（retroduction）とも呼ばれます。

ただし、パースはアブダクションは目的論的に用いられる場合もあると説明します。

> 私がトルコのある地方の港町で船から降りて、尋ねようとした家の方へ歩いていると、馬に乗った一人の人物の頭上を四人もの騎手が天蓋で蔽いながら通り過ぎていくのに出会ったことがある。そこで、私は、これほど重んじられた人となると、この地方の知事のほかには考えられないので、その人は、きっとこの地方の知事に違いないと推論した。これは、一つの仮説である。（Peirce 1932 CP 2.625: p. 326; 訳は米盛 2007: p. 54）

このようにアブダクションの推論形式は、驚くべき事実が最初に提示された場合以外においても、ある種のパターンを事実に当てはめて理解するような目的論的な推論として機能することがわかっています。アブダクションは因果関係の発見を重視する「探求の論理学（the logic of inquiry）」であり、ある価値を満たすための法則の発見において拡張的に用いることができます。

マーティンは、このアブダクションこそがデザイン的思考の中心的なプロセスであり、創造的な成果を生むためには不可欠なものであることを指摘しました。

2-2-2　二つのアブダクション

デザインの思考過程ではこのアブダクションが中心的な役割を果たすことがわかりましたが、それは具体的にどのようになされるのでしょうか。デザイン学者のキース・ドーストは、デザイン的思考におけるアブダクションは、さらに二通りの形式に分けることができると主張します。

一つは、デザインの問題解決的な側面を反映したアブダクション形式です（アブダクション1）。これは、得られるべき価値とそれを生み出す法則が既知である一方で、そこから導かれる解決策や選択肢が既知でない場合にとられる思考プロセスです。ここではまず法則と価値のセットを用いて考えることのできる解決策を生み出し、それが論理的に正しく機能するのかやどのような効果を生み出すのかを判断するといったプロセスがとられます。

ここで少し注意してほしいのは、デザイン的思考におけるアブダクションの形式は、上述の論理学におけるそれとは若干異なっているということです。前述のアブダクションはある事実からなぜそのような現象が起きたのかを推理したり、パターンを当てはめて因果関係を推測する場合を説明していますが、デザイン的思考の文脈においては、事実ではなく求めるべき価値（"Value"）を構成要素とします。これは前章で述べた「あるべき姿」という言葉に置き換えてもよいかもしれません。さらに、デザイン実践においては解決策（"What"）を提案することが求められます。そのため、解決策を生み出しそれがその文脈において正しく機能するかどうかを判断する実験的なプロセスが追加的に求められます。この意味でデザインの文脈における推論は目的論的な性質を持っていると言えるでしょう。

ドーストは、この問題解決的なデザインの思考のプロセスでは、私たちがすでに知っている「〜のようにすると〜になる」というような法則（"How"）と、望まれる価値の組み合わせを用いることで、利用可能な解決策の探索がなされると言います。つまり、この形式においては解決策を生み出す点にアブダクション的思考が用いられるということです。

これらの"How"にあたる法則は、先述の手続き的知識やガイディング・プリンシプルの一種であると言えます。プロフェッショナル・デザイナーは、これまでの経験からものごとへの取り組み方とそこで得られる価値の体系を知識として蓄えています。この法則と価値の組み合わせは、デザイン研究では「フレーム（frame）」と呼ばれます（Dorst 2011: p. 132）。これは前章でショーンが述べたものと同じように、問題状況を理解するための枠組みとして機能します。このアブダクション1が必要な状況では、私たちは法則（"How"）と得られる価値（"Value"）は知っていますが、何をつくり出すべきであるのかは知りません。そのため、フレームを問題状況に当てはめて、最も適した解決策（"What"）を生み出すために試行錯誤が行われます。

それでは、もう一つの形式ではどのような思考プロセスを経るのでしょうか。

二つ目のアブダクションの形式は、デザインの発明的な側面を反映したものです（アブダクション

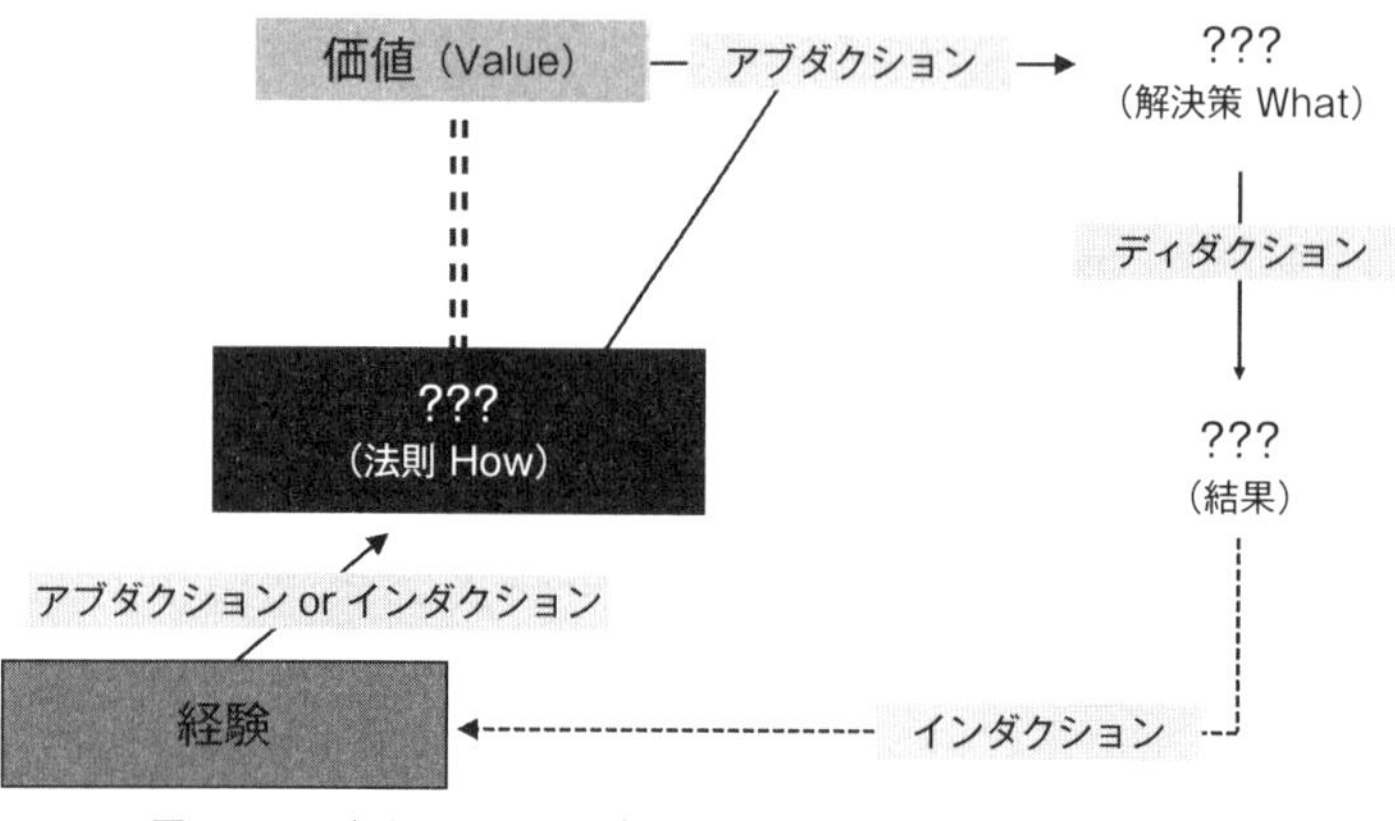

図2－1　デザイン的思考プロセスの簡易図（アブダクション2）

2）。この形式は、私たちは得られるべき価値は知っていますが、それを可能にする法則も知らず、それを実現する解決策の選択肢も持っていない場合に必要となります。簡単に言えば、これまでの経験が当てはまらない未知の状況を指します。

この場合は、つくり出す解決策（"What"）も、価値を生み出すための法則（"How"）も明らかになっていません。このような状況下では、解決策を生み出すためのアブダクション1と、アブダクションやインダクションを用いた法則の発見が同時になされなくてはなりません（図2－1）。そのためこの場合のデザインの実践には、フレームと解決策を同時的に創造する二重の創造のステップが求められます。これまで議論してきた「つくりながら考える」ことがまさに必要とされる推論形式です（Dorst 2011）。

2-2-3　リフレーミング

この二つ目のアブダクションの形式においてさらに中

心的な役割を果たすのは、新しい法則と価値の組み合わせ、すなわちフレームを生み出す「リフレーミング（reframing）」と呼ばれる思考過程であることが明らかになっています。

インタラクションデザインと社会起業を推進するオースティン・デザインセンター（Austin Center for Design）の創設者であり、デザイン・ストラテジストでもあるジョン・コルコは、リフレーミングとは、ものごとの新たな見方を生み出すために視点を変える手法であり、提案された新たなフレームは、製品、システム、サービスを新たな（必ずしも論理的ではない）文脈へと埋め込み、結果としてデザイナーが問題状況との組み合わせや隠れたつながりを探索することを可能にするものであると説明しています（Kolko 2010: p. 23）。

たとえば、新しい歯ブラシのアイデアを考えるとします。ここでの私たちの持つ基本的なフレームは、「平均的な人々は、浴室で歯先にペースト状の粉を塗ることができる小さな毛のついた物質的な道具を使用しており、おそらく余分な食物を排除するためにこれらを摩擦させる」というものです。堅苦しい表現ですが、「ブラシで摩擦するとものがきれいになる」という法則と「歯に付着した余分な食物が排除される」という価値が組み合わさったフレームであることが理解できます。これに対して、リフレーミングを行う場合、たとえば歯科医にとってはこの方法は正しいのか、また歯磨き粉製造業者や子どもにとってはどのように見えるのかといったさまざまなステークホルダーの視点からこれを問い直すことが行われます（Kolko 2010）。

コルコはリフレーミングを技術として見ており、少々道具的な言葉で表現していますが、このフレームは個人の認知的枠組みとしても機能します。心理学的にはフレームは主題の意味をかたちづくり、その性格と重要性を判断することを可能にする認知的な要素です。人間は、主題の枠組みを保持することで、ある意味（または一連の意味）を別の意味よりも選択し強調することができるようになります（Beckman 2020: p. 147）。前章で紹介したデザインの解釈性を強調するショーンもまた、「仮説は状況のフレーム、解決すべきいくつかの問題の設定に依存する」と述べており（Schön 1984: p. 134）、問題状況や設定の捉え方によって提案される仮説が異なってくることを指摘しています。このようにフレームとは簡単に言えば「視点」であり、リフレーミングは既存の状況を見るための枠組みを変化させ、新たな仮説を生み出すための思考であると言えるでしょう。

この二つ目のアブダクションの形式にリフレーミングが必要である理由はいくつかあります。一つには、前述のように、望まれる価値を可能にする法則が手元にないためです。基本的にアブダクション2における思考の目的は、適切な問題解決がなされるための法則を見つけ出すことにあります。まず法則に関する仮説を構築し、そこから解決策を生み出し、その結果が十分に問題状況を解決できているのか、つまり望まれる価値が達成できているのかどうかを判断します。既知の有効な法則が見つかっていないわけですから、デザイナーはこれを発見するために、これまで培ってきた経験を総動員し、また試行錯誤的な解決策の探索を通して法則を導き出そうとします。

二つには、これはよりプロフェッショナルの実践的な観点となるのですが、仕事に新しさが求められる場合です。熟練したデザイナーは、取り組む問題が今まで経験したことのあるような典型的な問題であったしても、あたかも既知でないように扱う傾向があることも明らかになっています（Ball and Christensen 2019）。またブリーフィングの際にクライアントが抱えている認識も十分に焦点化されていない可能性もあり、この場合も最適なフレームを見つけるためにリフレーミングが必要となります。

そしてもう一つは、問題状況が「パラドックス（paradox）」（Dorst 2006）を抱えている場合です。パラドックスとは、「二つ以上の相反する言明からなる複雑な言明」であり、「それぞれが真であったり、有効であったりするが、それらを組み合わせることはできない」という意味の言葉です（Dorst 2011: p.14）。いわゆる「矛盾」という言葉の生まれた逸話にあるように、二つの言明がどちらも正しい場合に同時に成立させることができないことがあります。たとえば、何かしらの施策があるグループにとっては非常に有益なものであったとしても、別のグループが不利益を被ってしまうということはよくあります。

このような場面においてもリフレーミングが重要な役割を負います。既存の問題の枠組みからは矛盾しているように見える状況であっても、その枠組み自体を変化させてしまうことで論理的な問題解決がなされる可能性があります。この状況においてはデザインは解決策をつくり出すだけでなく、前提となる問題状況も変化させる実践を含んでおり、矛盾する状況に対して弁証法的な止揚（言明を一度否定するが、全面的に捨て去るのではなく、より高次のものとして採用すること）を通して解決を行うものであるとも考えられるでしょう（Beckett 2017）。

いずれの理由にせよ、デザイン的思考はこのリフレーミングという認知的活動に支えられています。私たちはこの点からデザインにおいていかに問題状況を解釈し、問題と解決策の間の論理性を整えていくことが重要かを理解することができます。

2-3　デザイン能力

2-3-1　デザイナーの傾向性

ここからはこれまでの議論を整理しながら、後の章に続く視点をいくつか論点を提供していきたいと思います。

私は前章では、デザインは誰しもが行う普遍的かつ人間的な問題解決の行為であることを説明してきました。そして特に、デザインという行為は、開放的で構造が不明瞭な性質を持つ厄介な問題の解決を行うためのものであることを述べてきました。そのうえでこの問題を解決するためには、「つくる」ということが必要不可欠であり、これを通してあるべき姿を引きつけていくことの重要性を強調してきました。そして本章では、このような問題解決を専門的に行っているプロフェッショナル・デザイナーの実践を対象に、特にそこに用いられる知識や思考に関する理論的な観点を整理してきました。

このように整理すると、デザインにおける実践プロセスは科学的なそれとは明らかに異なるものであることが理解できます。吉川は、社会における広い範囲の行為の概念操作を分類する言葉には「分析（analysis）」と「構成（synthesis）」があり、前者は科学に対応し、後者はデザインに対応するものであると述べます（吉川 2020: p. 8）。これまで見てきたようなデザイン的思考は構成的な思考であり、デザインに関する方法知は、構成に関する知識体系であると言えるでしょう。今後社会がますます複雑になる中で、これまで水面下に隠れていた厄介な問題が現実として現れてくるのは明らかです。企業のビジネス活動も同様であり、あいまいで複雑化する外部環境の中でも、継続的に新たな価値を見出していかなくてはなりません。このような状況下では科学的な分析的視点だけでなく、デザイン的な構成的視点を身につけ、実践していくことが必要となってきます。そしてこれらを駆使する能力は、プロフェッショナル・デザイナーだけでなく多くのビジネス人材が身につけていくべきものです。

それではこれらの広い意味でのデザインする力は、どのようにすれば身につけることができるでしょうか。私たちは日常的には無意識にこの力を使っているものと思いますが、前章で述べたようにことビジネスにおいてはその力を十分に発揮できているとは言いがたいところがあります。無意識に使っているからこそ、そのコツを見つけるのが難しいのだと思います。

この広い意味でのデザイン能力に関してはまだ十分には検討されているとは言えませんが、プロフェッショナル・デザイナーの実践から、いくつかヒントとなりそうな「傾向性」のようなものが見えてきています。本章の最後にこれらを簡単にご紹介して、次の章に引き継ぎたいと思います。

2-3-2　あいまいさを受け入れる

前述のように、デザイナーの実践は取り組まれる問題の性質上、非常にあいまいな状況下でなされるということが特徴です。問題状況は常に揺れ動く開放性を持ち、すべてが非決定的であり、解釈次第でさまざまにかたちを変えていきます。このような不確定性の高い状況においてうまく立ち回るためには、このような状況のほうがかえって自然であることを受け入れ、自身のアプローチも開放的なものにしていかなければなりません。このような実践を支える能力としてたびたびデザイン研究の中で指摘されているのが、「あいまいさを受け入れる（embrace ambiguity）」という姿勢です。

デザイナーの実践には、あいまいさは絶えず存在しています。むしろそうであるからこそ、前提を鵜呑みにせずに解釈し、反復的な実践を通してこれまでにない最適な解決策を探索することができます。ショーンによれば、デザイナーは探求者です。探求者はある状況を自らの枠組みにあてはめようとすると同時に、状況から生まれる予測のつかないことを受け入れていく必要があります。デザイナーは自分の視点を持って行動する一方で、いつでもそれを壊すことのできる開かれた姿勢（二重のビジョン）を持っています（Schön 1983; 訳書: p. 180）。このような開放的な姿勢を持つことは、デザイン的思考の中心的な思考プロセスであるリフレーミングを行うための根本的な動機となりえます。

2-3-3　批判的態度

また、いくつかの研究ではデザイナーのものごとの前提を問うような批判的な態度が重要な姿勢として取り上げられています。デザイナーは一見万全のように見えるフレームワークであっても、それに頼ることはしません。多面的で複雑な現実に対して、恐れずに確認を持って新しい知識を獲得しようとします（Michlewski 2015）。あいまいさを受け入れる姿勢と同様に、前提を疑い、批判的に問うことでものごとの理解を再構成しようとします。

実際にデザイナーは、愚問と思われるような質問を繰り返して、クライアントやステークホルダーが持つ前提や認識に疑問を投げかけます（Boland and Collopy 2004）。このように前提にとらわれずに「箱の外」を考えることで、新しい解釈や解決策を見つける可能性を高めることができます。また前述のように、フレームはデザイナーの頭の中だけでなく、それぞれのステークホルダーの中にも存在しています。批判的な質問を投げかけてステークホルダの認識を変化させることは、リフレーミングの実践的な側面です。常に自分自身と自分を取り巻く状況に共有されている価値や規範といったフレームに意識を向けること。このようなフレームに対しての自覚的な姿勢は、これまで重要だと見なさずに考慮の範囲外に置いてしまっていたことがらについても取り入れるきっかけを生み出します。このような批判的な姿勢を持つこともまた、認識のリフレーミングを促す可能性を秘めています。

2-3-4　実験主義

デザインの扱う問題の性質上、つくることは最も重要です。デザイナーはあいまいさを受け入れ、実験的に試行錯誤を繰り返すプロセスを経て、最適な解決策を見出していきます。そのためには、「まずつくってみる」「試してみる」といった傾向性が必要不可欠です。これらの姿勢は、「実験主義（experimentalism）」という言葉で表すことができます。

構成を目的とするデザインにとって、実験から得られる失敗はマイナスではなく、プラスの要素として認識されます。できるだけ早く解決策をつくり試すことは、問題に関する気づきを得ることにつながるために推奨されます。もし失敗したとしても、それは低コストで学習することのできる機会として認識されます。この意味で、実験主義的姿勢は学習志向に近いものであるかもしれません。解決策のアイデアを得なければ、それが問題の要件と制約の条件を満たしているかどうかをチェックすることができません。解決策をつくることは最終的な提案物を探索するためだけでなく、問題に関する理論的な推論を促す学習機会を提供するラーニング・デバイスとして機能します（Boland and Collopy 2004）。

とにかくまずはつくり・試し・失敗から学ぶこと。デザイン実践に伴う実験主義的姿勢は、その扱う問題の性質から必要とされる固有のプロセスに依存しているため、最も重要な傾向性であると言えるでしょう。

2-3-5　視覚化

デザイナーの実践の中で最も特徴的であると言えるのが、この「視覚化（visualization）」の能力です。視覚化というとこれまで述べてきた広い意味でのデザインとは関連が薄いように思われますが、プロフェッショナル・デザイナーの実践を観察するに、これを重視する姿勢を持つことはデザインの問題解決的側面に対してもさまざまに有効であるようです。デザイナーは、スケッチブックやモックアップを用いて頭の中のものごとのストーリーを形に表現し操作します。

実際にプロフェッショナルの仕事から要素を抽出してパッケージングされたデザイン思考（design thinking）のプロセスにおいて視覚化はほとんどのアプローチで取り入れられており、ビジュアライゼーション・ツール、ストーリーテリング手法、プロトタイピングなどのツール／メソッドが採用されています。これらのメソッドはチームベースのアプローチやステークホルダーを巻き込むためのものとして推奨されています。

ただし、デザイン実践における視覚化の効果はそれだけでなく、個人の認知的な思考過程を支える可能性があることを指摘されています（Dell'Era et al. 2020）。視覚的なアプローチは、抽象的で無形の概念を理解することや、言語的コミュニケーションに隠されたさまざまな具体的な側面を把握することを助けます。たとえば図面やスケッチ、グラフィック表現を活用することは、具体的なレベルから問題の構造を理解することを支えます（Dell'Era et al. 2020: p. 3）。この視覚化への姿勢は実験主義とも結びついています。解決策のアイデアを早期に視覚化し明確にすることは、批判的検討やフィードバックを受ける機会を増やします。

2-3-6　ダイバーシティを受け入れる

最後に、「ダイバーシティ（diversity）」を受け入れる姿勢は、あらゆるステークホルダーの持つフレームを網羅するホリスティックな視点からものごとを理解することを助けます。デザインの問題解決にはさまざまな視点を持つステークホルダーが関わっており、それは提案された解決策にこれから関わるユーザーも含みます。ユーザーは単に解決策を享受するだけの存在ではなく、デザイナーと同様インタラクティブな人工物やシステムを利用して自分の状況を理解し、さらには変化させる可能性を持つアクターです。

これらのことを理解して多様な視点を持とうとするのは、ものごとをより注意深く考察することを促し、適切な構成を助けます。ダイバーシティとはある意味では、「ゲシュタルト的視点（gestalt view）」（Micheli et al. 2019）を持つことです。ゲシュタルト的視点を持つことは、解決策の全体が単なる部分の認識の総和と考えるのではなく、それぞれの関係性から現れる文脈を考慮することで総和を超越したものであるという信念を持つことです（Bloch 1995）。この意味でデザイナーは複数の視点を統合する役割を持っていると言え、そこから生まれる偶発性や相互作用を受け入れる姿勢が必要になります。ダイバーシティを受け入れようと努力するからこそ、多くの人々がより共感することのできる解決策の提案が可能となるのです。

これらのデザインに関するいくつかの傾向性がどのようにデザイン実践や思考を支えているのかはまだ十分に精査され理論化されているとは言えませんが、間接的にデザイン実践やデザイン的思考の継続的な回転を支えているのではないかと考えられています。あいまいさを受け入れながらその前提を批判的に問い、視覚化をしながら実験的に学び多様な視点を受け入れながら適切な解決策を生み出していく。このような傾向性は、つくることや適切さを判断するための重要な能力であるのかもしれません。

1章と2章では、私たちの考えるデザインについて、理論的な土台を整理してきました。次章からはより具体的に、ビジネスにおけるデザインの活用について議論がなされます。私たちは誰でも、デザインをすることができます。この本を活用しながら、是非あなただけのパーティーをデザインしてみてください。

第2部

二つのデザインマネジメント

「ものごとに意味を与える行為としてのデザイン」と「組織や社会を新たな方向に導くためのデザイン」

3章 ものごとに意味を与える行為としてのデザイン

3-1 デザイン・ドリブン・イノベーションと意味のイノベーション

3-1-1 ベルガンティのデザイン・ドリブン・イノベーション

2010年頃のことです。その頃世間は、「ユーザー中心」という考え方に沸いていました（といっても、経営とデザインに関わる狭い世間の範囲ですが）。経営において、特にイノベーションの議論がそれまであまりにも技術開発中心であったことへの批判と反省から、ユーザー中心の視点への転回が叫ばれはじめたのです。

それはちょうどスタンフォード大学 d. school とIDEO社発の「デザイン思考」が、日本の書籍やメディアで広まってきた時期でもありました。スタンフォードやその周辺にデザイン思考の方法論を学びに、多くの日本人が渡ったのもその頃からだったように思います。デザイン思考は、デザイナーがデザインするときのプロセスを、ビジネス課題一般に適用できるようにしたもので、それは確かに画期的で魅力的でした。このデザイン思考が、ビジネス一般にデザインの考えを「開いた」功績はとても大きいと思います。

一方で、デザインの考え方のすべてがそのままデザイン思考の方法論である（デザイン＝デザイン思考の方法論）との誤認識を生み出し、ビジネス一般においてデザインの理解を「狭めた」罪も深いように思います。当たり前ながら、デザイン思考の方法論を理解しただけで、デザインすべてを理解したことにはなりません。

このデザイン思考の方法論も、「ユーザー中心」に強く根ざしたものであると言えます。デザイン思考では、まず人の認知行動を精緻に観察・分析してそこに隠れたニーズを見つけ出します。そして仕様書や設計図ではなく、プロトタイプでまずかたちにしてユーザーに使ってもらうことからさらなる改善を繰り返し、仕様を明確化します。つまり、ユーザーに共感することを絶やさず製品開発を進める姿勢がそこに貫かれています。この姿勢は、いろいろな誤解や都合のよい拡大解釈を伴いながら、当時の市場を席巻しました。製品開発をするなら、まずユーザーを見よ、市場のニーズを捉えよ、というスローガンとともに。

しかし、そのとき私たちが出会ったある本の第1章は、次の言葉から始まっていました。

市場？　何が市場だ！（自分たちの会社は）誰も市場ニーズなんて見ちゃいないよ。私たちは人々に提案をしているんだ。

これが、ロベルト・ベルガンティ（ストックホルム商科大学大学院／ミラノ工科大学教授）の『デザイン・ドリブン・イノベーション』（Verganti, 2009; 訳書 2016）でした。

「市場ニーズなんて見ちゃいないよ」というのはアルテミデ（イタリアの照明メーカー）の会長の言葉です。それは「アルテミデではどのように市場のニーズを分析したのですか?」という質問に対する回答でした。でも、質問者が期待するあらかじめ想定していた答えは以下のようなものでした。

ええ、私たちは、人々が自宅でランプを使ったり、電球を取り換えたりする姿をエスノグラフィー分析しました…

ところが、前述のようにアルテミデの会長の答えはぜんぜん違ったのです。アルテミデは「ユーザーを見よ、そして市場のニーズを捉えよ」という、当時ほぼ誰も疑問を持たなかった（今もそうかもしれません）そのスローガンをここであっさり否定しています。市場やユーザーから、人々が本当に愛する製品は生まれない、というように。

アルテミデは、実績のない新進気鋭の生意気なスタートアップ企業ではなく、ケーブルなしで電流を通す金属棒を使用した世界初のテーブルランプであるティジオ（１９７２年）や、二十年間以上もベストセラーであり続けているトロメオ（１９８６年）など、代表作がいくつもある照明器具メーカーであり、これまでに欧州のデザイン賞をはじめ数多くの賞を獲得している照明器具メーカーでした。

では、アルテミデは、人々が本当に愛する製品を生み出すために何をしていたのでしょうか？　そのプロセスを精緻に分析したのが、ベルガンティの研究です。ベルガンティは他にも、アレッシイ（イタリアの生活用品メーカー）、アップル、スウォッチ、任天堂などを例に挙げ、ユーザーや市場を起点にしない製品開発プロセスのほうがむしろ人々を魅了するものを創り出し、持続的な収益を生み出す（製品ライフサイクルが長い）ことを明らかにしました。そして、その共通するプロセスを「デザイン・ドリブン・イノベーション」として理論化したのです（Verganti 2009）。

ここで注目したいのは、ユーザーや市場を起点にしないとすると、いったいどこから始めるのか、ということです。ベルガンティは、多くのデザイン・ドリブン・イノベーションの事例分析から共通の出発点を見つけました。何だと思いますか？

それは「自分」です。意外に思われるかもしれませんね。自分が（製品開発やその仕事を通して）社会に訴えたいことは何か？　自分はこの先この社会をどうしていきたいのか？　人々にどんなものを届けたいのか？　なぜそれは自分じゃなきゃできないのか？　先にアルテミデの会長が言った「私たちは人々に提案をしているんだ」という発言の主意がここにあります。彼らは徹底的に「自分が社会に貢献できる意味」を問うていたのです。

自分を起点に、というと自分勝手、独善的、そんな独りよがりじゃ社会に受け入れられない、客観的ではない、などの批判が浮かぶかもしれません。もちろん、それらの批判は間違っていないと思います。でも、自分を起点に考えはじめ、それらの批判を乗り越えられる強い考えを生み出せたとしたら、どうでしょう。おそらくそのほうが、自分以外の誰かの考えやデータに頼るよりずっと強いのではないでしょうか。

ユーザーや市場の分析は、方法を身につければ今や誰にでもできます。そこから得られる知見は当然ほぼ同じものになるでしょう。「ほぼ同じもの」であるがゆえに、自分勝手でも独善的でもなく客観性は高いものとなりえます。でも、そこには決定的な弱さがあります。それは、「他者と同じ」ということです。そうすると、価格の安さと市場に出るスピード競争に巻き込まれます。巻き込まれる、というより自ら飛び込み首を絞めると言うべきでしょうか。

一方で、批判を乗り越えた自分の強い考えは、社会や市場を大きく変え、新たなユーザーを創出する可能性を十分に秘めています。なぜなら、それは「他者と違う」からです。この自分の強い考えが「ビジョン」と呼ばれるものです。ユーザーの要求に応え、既存市場の動向分析を追従しているフェーズにとどまっていては、強いビジョンが生まれることはありません。

ユーザーの観察や市場ニーズの分析からは、現状の改善しかできません。「ユーザー」という言葉自体、「すでにある製品やサービスの（ユーザー）」という前提を伴っています。よって、企業はユーザーに目を向けた瞬間に、ある製品カテゴリーや既存のコンテクストにとらわれ、その範囲でしか思考が許されなくなってしまいます。

そこでは、ユーザーや市場はあらかじめ存在するものではなく、自分で創り出すもの、という前提がいつの間にか忘れ去られてしまっているのです。だから、デザイン・ドリブン・イノベーションでは、ユーザーではなく「人々（People）」と言っています。デザイン・ドリブン・イノベーションでは、ユーザーを最重要視しません。でも、人々には細心の注意を払います。人々の生活はこれからどのようになっていくべきか、そこに自分はどう貢献できるだろうか、と。

ベルガンティは、これを親と子の例で説明しています。子どもが欲するものを、ただ次々と与える親が良い親ではないことは皆さん理解できると思います。子どもはそのときはそれで満足するかもしれません。それで家庭も円満かもしれません。でも、その先に何を生み出すでしょうか？ 本当に良い親とは、これからの社会を担う子どもが未来に生きるために、今何を与えるべきかを考え、自分の子がどんな大人になってほしいか、そのときどんな社会であるべきか、というビジョンを持って子どもに対峙する者のことである、とベルガンティは説きます。確かにそう思います。

3-1-2 製品の意味

デザイン・ドリブン・イノベーションでは、製品開発においてこれまで着目されてきた製品の「技術」や「機能」(いわゆるスペック)ではなく、製品の「意味」に着目します。ここで製品の意味とは「人々がその製品を理解する感情的な理由」のことです。簡単に言えば、「好き・嫌い」です。どんなにその製品が他社より技術的・機能的に優れていても、自分にとってそれに何の意味も見出せなければ人は何の興味も示しません。

ベルガンティは、イノベーションを意味と技術の二つの軸で分類し、既存のイノベーション理論における技術主導型の「テクノロジー・プッシュ・イノベーション」と市場牽引型の「マーケット・プ

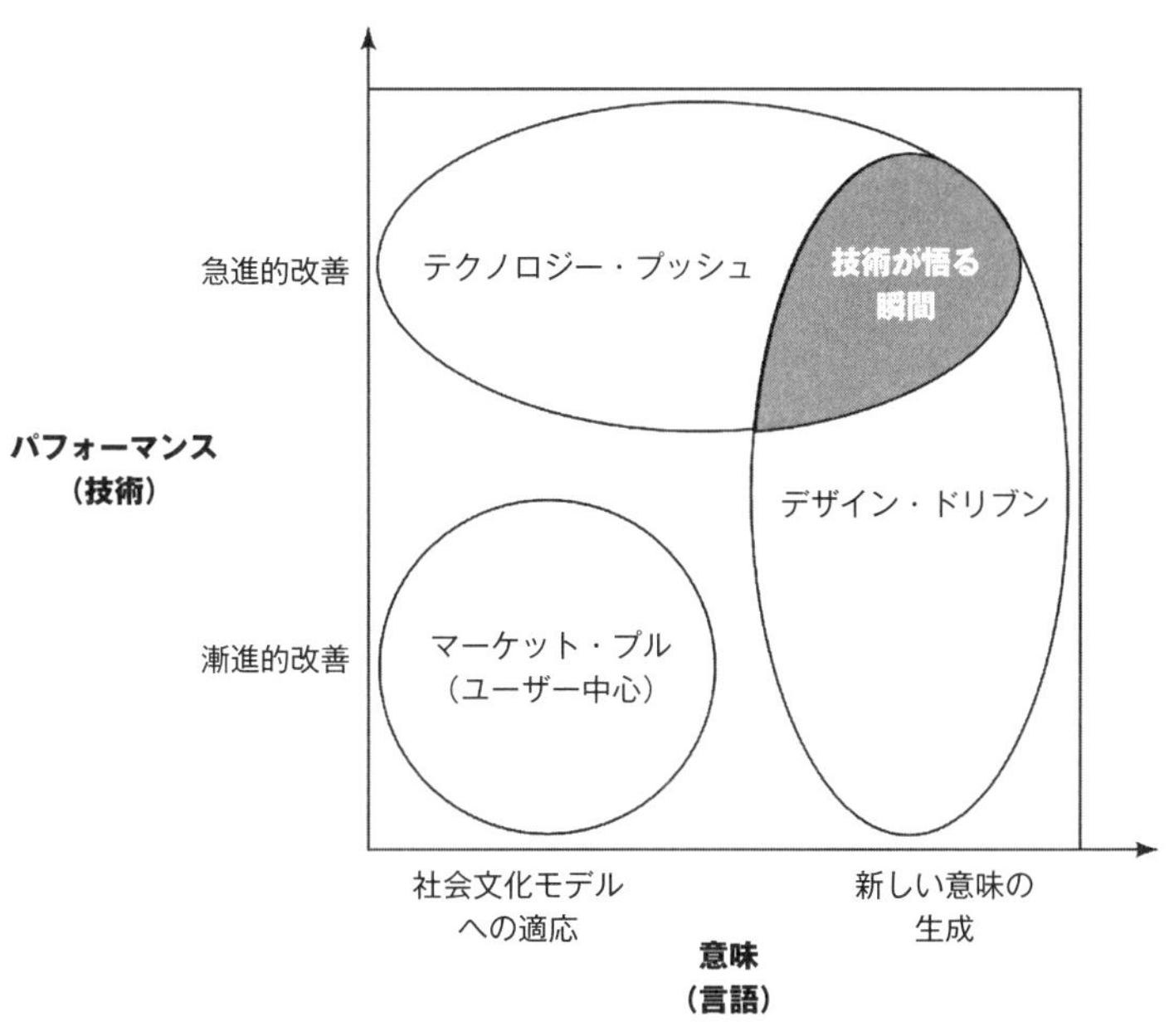

図3－1　意味と技術の相互作用（Verganti 2009 より筆者作成）

ル・イノベーション」に加え、デザイン・ドリブン・イノベーションを配置することでそれらを対比しました（図3－1）。ここで特に、新たな技術に意味を与える、意味と技術の相互作用の領域を「テクノロジー・エピファニー（技術が悟る瞬間）」と呼んでいます。技術に対しても意味が与えられなければ、その真価は発揮されず、人々に受け入れられる魅力的な製品にはならないことがここでも強調されています。

なぜ、その製品を買ったのか、それは人に薦められたからかもしれません。では、なぜその製品を今でも使い続けているのか、それは自分が気に入ったからでしょう。ではさらに、なぜ気に入ったのか、それは自分にとって〇〇な恩恵があるからでしょう。ここで、この〇〇は極めて私的な理由であると思います。つまり、人によって違う、ということです。この極めて私的な理由に到達してはじめて、製品は人々にとって魅力的なものとなります。

この極めて私的で感情的な好き嫌いは、実はその本人のビジョンに基づいたものです。こう言ってもすぐには理解されづらいかもしれません。自分はこうしたいという強い気持ち（＝ビジョン）があるからこそ、その製品（やものごと）の評価（好き嫌い）ができるのです。

たとえば、サラダが好きというのは、単にその味が好きというのもあるかもしれませんが、多くの場合は、その背景に「健康に生きたい」「ダイエットしたい」などの自分のビジョンがあります。ある車が好きというのは、単にその車のスペックではなく、その背景に極めて私的な理由があるはずです。同様に、あなたが今大事にしているモノは、単にスペックや他者の評価で判断されたものではないはずです。おじいさんの形見の時計を大事にする心は、単にものを大切にする、ということではなく、その背景に「おじいさんに恥じないような生き方をする」「おじいさんを喜ばせるような何かを成し遂げる」、「その家系を繁栄させる」などのビジョンがあるはずです。単に時間を正確に知るだけであれば、今や携帯電話や家電機器ほか日常・街中に時計があるし、量販店で性能の良いものが安く手に入るでしょう。

だから、ビジョンと意味は表裏一体の関係にあると言えます。意味はビジョンに貼り付いていると言ってもよいでしょう。これまで述べてきたように、製品の意味とは「人々がその製品を理解する感情的な理由」であり、それは極めて私的なものです。そうすると製品を提供する側は、オーダーメイドや一点物でなければそこに直接踏み込むことができません。これでは製品開発や販売戦略のハードルがかなり高くなってしまいます。魅力的な製品は、オーダーメイドや一点物でなければ実現できないのでしょうか?

ここでビジョンと意味が表裏一体の関係にあることが効いてきます。人々のビジョンに響くものを提供することができれば、私たちは極めて個人的で私的な理由にもアプローチできると思いませんか。いくつかの事例を検討してみましょう。

リーバイスは、ジーンズを穿くことで社会慣習に縛られず自分らしく自由でいられる、というビジョンを提案し、新たな時代で自由に生きようとする若者を魅了しました。そして、そのビジョンに若者はそれぞれ個人的で私的な意味を見出したのです。ジーンズに対する思い入れや表現は個人でそれぞれに異なります。しかし、リーバイスの掲げたビジョンによって、ジーンズは単なる作業服から若者の社会に対する異議申し立ての象徴となりました。リーバイスはジーンズの意味を変えたのです。

アップルは、Think different というビジョンを提案することで、自己表現や自分なりの働き方を目指す人々を魅了しました。そしてパーソナルコンピュータを単なる情報処理計算機から、自己表現のツールに変えたのです。コンピュータの使い方やそこで表現されることは人それぞれです。ここでも、個人的で私的な意味は異なります。でも、そのビジョンによって、確実に人々が持つパソコンの意味を変えました。

任天堂Ｗｉｉは、ゲームを個人が没頭するものではなく家族のコミュニケーションツールにする、内向的でネガティブな享楽ではなく、健康や運動というポジティブなツールにするというビジョンを提案し、ゲームの意味を変えました。

「ゲームなんてしてないで、家族でどこかに出かけよう」

「ゲームなんてしていないで、外で遊んできなさい」

というセリフに象徴されるように、それまでは、ゲームは家族のコミュニケーションを遮断し、健康な生活を阻害する悪者の代表格でした。でも、Ｗｉｉはそのイメージを変えました。今や、ゲームは家族のコミュニケーションを促進するものとなり、人々は健康や運動のためにゲームを活用するようになっています。

他にも、ソニーのウォークマンは、個人で音楽を聴くことの意味を変えました。伊藤園は、缶入りのお茶によって、お茶は家で淹れて（無料で）飲むものである、という意味を変えました。キユーピーは、多様なドレッシングによって、添え物であったサラダを主食の座に据え、食事における生野菜の意味を変えました。Ｊ-フォンは「写メ（写メール）」によって、写真を過去の記録から、現在を共有するコミュニケーションツールへ、その意味を変えました。

このように、従来のモノの意味を変えた例は枚挙に暇がありません。皆さんも探してみてください。もちろん、その背景にどんなビジョンの提案があるのかを含めて探していただきたいと思います。

3-1-3　デザイン・ディスコース

デザイン・ドリブン・イノベーションでは、ビジョンは自分を起点にするものであることを説明し

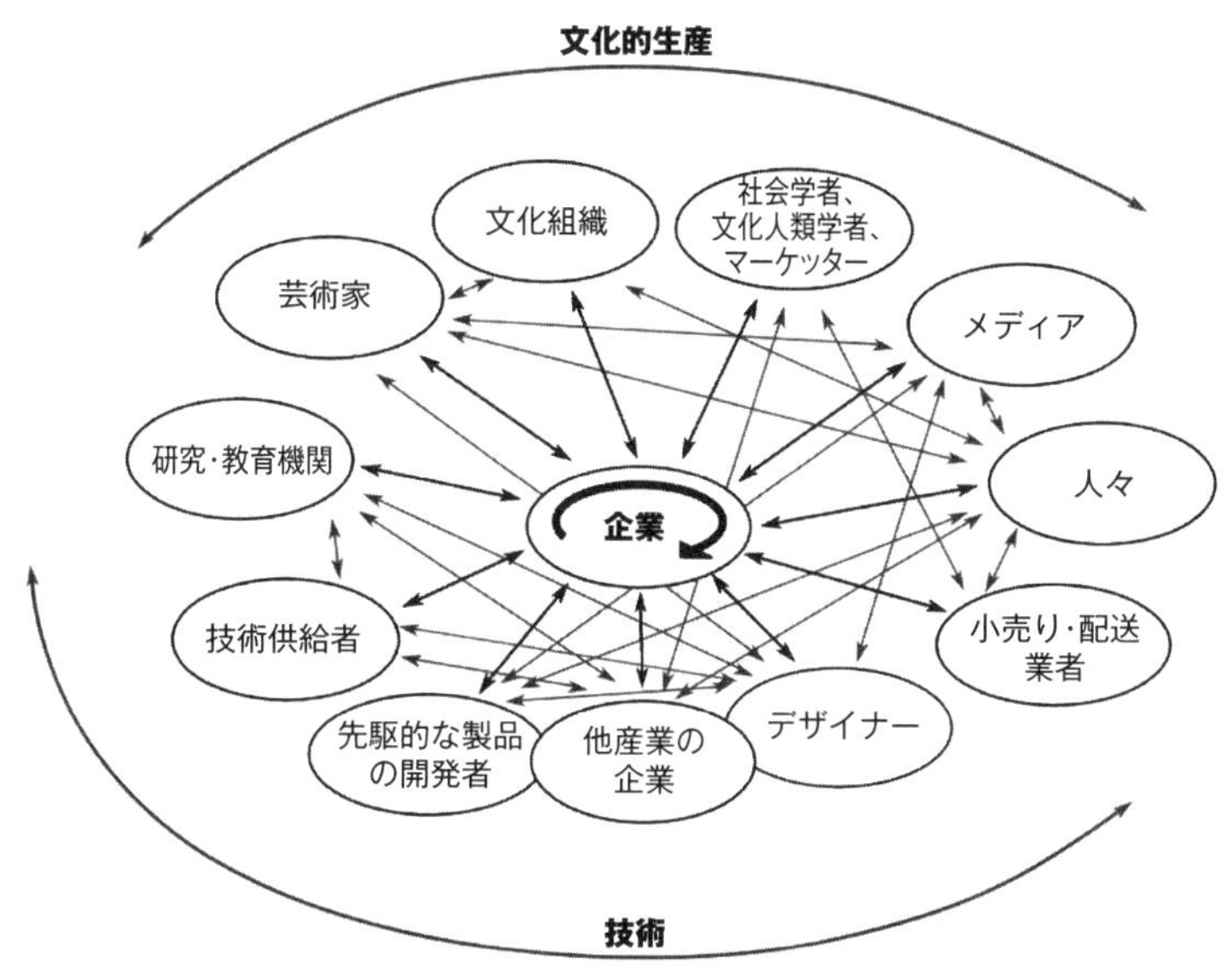

図3-2　デザイン・ディスコース（Verganti 2009 より筆者作成）

ました。では、そのビジョンをどのように具体的に展開させ、製品として仕上げていくのでしょうか？　この問いに対してベルガンティは、デザイン・ドリブン・イノベーションを実現するには「デザイン・ディスコース」に参加し、対話し、相互作用することが重要である、と述べています。

デザイン・ディスコースとは、メーカー・ユーザー・供給業者・支援サービス・大学・研究センター・展示会・出版社などのデザインに関わる参加者で構成されるネットワークのことで、そこでのさまざまな対話、意思伝達、叙述実践活動などを包括的に意味するものとされています（図3-2）。企業が単独でデザイン・ドリブン・イノベーションを達成するのは難しく、デザイン・ディスコースを構成するさまざまな人や組織との相互作用を形成することでしか達成されない、とベルガンティは強調します。

そして、デザイン・ディスコースを構成するさまざまな人や組織のことを、ベルガンティは「解釈者」と呼んでいます。つまり、自分が掲げたビジョンをそれぞれの立場から「解釈」する行為が相互に行われるネットワークがデザイン・ディスコースである、ということです。とはいえ、具体的なイメージはまだ湧きづらいかもしれませんので、例を見ていきましょう。

ベルガンティは、ここでもアルテミデを例に挙げ、「メタモルフォシィ」という照明の開発事例を通してデザイン・ディスコースを説明しています。アルテミデは、代表作がいくつもある照明器具メーカーであり、それまでにも数多くのデザイン賞を獲得していました。しかし、美しい照明をデザインするだけではもはや十分ではなく、競合との差異化を図るためにイノベーションの必要性を感じていました。

そこで開発されたのが「メタモルフォシィ」という照明でした。この照明は、一般的な照明器具のように天井から吊すものではなく、舞台照明のように空間全体を照らすものです。使用者の気分や状況に応じて、部屋全体の色の微妙な調整を可能にしています。

ここでもしアルテミデがユーザーの要求に注力していたら、電球の交換のためのよりよい方法を考えていたかもしれません。暗闇でもわかりやすいスイッチの位置や、勉強の効率が上がるデスクライトの適切な照度を検討していたかもしれません。でも、あえてアルテミデはユーザーから距離を置き、問いの立て方を変えたのです。

アルテミデの問いは、「夜に疲れて仕事から帰ってきたあなたを、私たちはどのように癒やすことができるか？」というものでした。もはやここに、狭い意味で照明機器にすぐ直接的につながるようなワードはありません。それは、自社の製品の意味を根本から再定義しようとする気概であり、それがビジョンにつながる態度なのだと思います。つまり、「私たちはどのように癒やすことができるか？」という問いがそのまま「人々を癒やす／癒やしたい」というビジョンを表しているということです。

ベルガンティは、このような問いの立て方の有用性について次の三点を指摘しています。

1　「問いの背景」の広さ：
電球の交換のような「使用」に関することではなく、一人でまたは、家族や友人との関係における「家庭生活」に関する広い視野を得ている点

2　「対象者」の広さ：
特定の製品のユーザーではなく、「人々全体」を対象としている点

3　「目的」の広さ：
電球を交換するための実際的なニーズではなく、人々が行動するにあたっての実用的かつ感情的な「理由」を目的としている点

このように問いの立て方を変えることで、アルテミデは「人々が仕事から帰ってきたとき、どのようにモノに意味を与えるか」ということに興味を持っている解釈者たち（家具・パソコン・ゲーム機

の製造業者や放送業者、プロダクトデザイナーや建築家、雑誌や他メディアの編集者、原料のサプライヤー、大学やデザイン学校、ホテルや展示デザイナー、消費に関する社会学・人類学の研究者）のデザイン・ディスコースを手に入れました。ここでの解釈者の中には、このような問いを持たなければ、自社とは関係がないと「勝手に」考え、つながっていなかった人たちが多く含まれているでしょう。

特にここで、通常は製品開発に関係がないと思われている社会学や人類学の研究者が入っていることに注目できます。この解釈者たちとの相互作用によって、アルテミデは、家庭生活における新しい意味をよく理解することができ、それを照明に与えることができたのです。

3-2　意味を与える行為

3-2-1　デザインとはものごとに意味を与えること

『デザイン・ドリブン・イノベーション』の中で、ベルガンティは「デザイン」を「ものごとに意味を与える行為（Design is making sense of things）」と定義しています。これはドイツからアメリカに渡ったデザイン研究・コミュニケーション研究の大家であるクラウス・クリッペンドルフ教授の定義を引用したものです。

クリッペンドルフは、人々はモノの物理的な質ではなく、モノの意味に基づいて理解や行動をすると考えました。そして、これまでの技術的合理性をもとにした技術中心のデザイン観から、人々のコミュニティにおける話し方や理解（ディスコース）において形成される「意味」をもとにした人間中心のデザイン観への転回を提唱しました。これを「意味論的転回」と言います（Krippendorff 2005）。

ただ、このデザインの定義は、一般的に捉えられるデザインのイメージとはずいぶん異なるので、戸惑われるかもしれません。デザインとは、たぶんまだ一般的には色や形を操作し、ものごとをキレイに飾り立てる行為と捉えられています。それは間違いではないのですが、それだけではデザインのすべてを説明しきれていません。色やかたちを操作し、ものごとをキレイに飾り立てるための動機、つまり「なぜ」を問う部分にデザインの本質があります。そしてその「なぜ」は、先ほどから述べているように自分起点で問われるものです。

「なぜ？」という問いは他者から与えられるものではありません。またその理由（意味）も他者や自分の外部からもたらされるものでもありません。常に自分から「なぜ？」という問いを発し、それを自分でどのように解釈していくか＝意味づけこそが、私たち自身が世界を創っていく行為であり、それこそが「デザイン」なのです。

でも、私たちは普段の生活の中で、あまりに他者から与えられる問題に答えさせられる場面が多く、またそれにいかに速くうまく答えるかによって評価されることが多いことに気づくでしょう。そのため、自ら問いを立て、さらに自分で意味づけを行うデザインの態度に対する感覚が鈍くなってしまっています。

ビジネスにおいても同様です。どんなに他者から与えられた問いに速くよく答えられても、その問い自体が的外れなものであればその答えに価値はありません。また、それは速く効率的に答えにたどり着いたものが勝つ競争です。かつては、そのために処理速度の速いマシンや、たくさんの人手、たくさんのアイデアを集められる者が強く、加えて組織的な規模と資金力の大きさ・多さがその条件でした。しかし、AIやインターネットによって瞬時に世界の情報やアイデアがほとんどお金をかけずに得られるようになった今、多くを持つものが勝つ時代ではなくなっています。

よって、誰かに与えられた問いを解決する問題解決スキルよりも、自ら問いを立て意味づけする能力の重要性が高まっていることが理解できると思います。今盛んに企業においてイノベーションが求められていますが、その背景も同様のものだと考えます。みんなが同じ問題に向いて、その解決の速さと効率競争を行う時代ではなくなったのです。問題に答える側から、問題を提起する側への転回が求められていると言えます。そして私たちはそこにデザインの態度が役に立つと考えています。しかし残念ながら、いまだにビジネス現場やその教育においては、旧来の問題解決志向が強いのが実状です。

3-2-2　センスメイキングとメタファー

特に、このデザインが持つ意味づけの力は、経営学では「センスメイキング」と呼ばれ、組織のリーダーに求められる重要な能力と捉えられています。

なぜ、組織のリーダーにこの「センスメイキング」が必要とされているのでしょうか。それは組織を方向づける原動力となるからです。組織のリーダーは、センスメイキングを以下のように用いています（入山 2019）。

1　多様な解釈の中から特定のものを選別し、
2　それを意味づけ、周囲にそれを理解させ、センスメイキングしてもらい、
3　組織全体での解釈の方向性を揃える。

これは、何か一つのスローガンを提示して、それに盲目的・従順に組織のメンバーを従わせることではありません。メンバーの属する環境とその認知における多様な解釈を活かし、それを一つの方向に導く力であると捉えられています。

たとえば、スウォッチは、自社製品を「ネクタイのような時計」と表現しています（Verganti 2009）。一つの会社組織内であっても、企画、開発、生産、販売、経理などそれぞれの部署・立場によって環境の認知が異なります。よって、自社製品の解釈（どの側面にこだわるか）も異なります。それらの解釈は、それぞれの部署・立場においては正当なものですが、そのままでは全社的にはまとまりません（社内会議でよくある光景だと思います）。

そこでスウォッチでは、「ネクタイのような時計」という表現を用いることにより、それぞれの解釈を束ね、一つの方向性を提示しているのです。（ネクタイのような）何本も持てる時計、（ネクタイのような）ＴＰＯに合わせて選べる時計、（ネクタイのような）気軽ながら大人のプレゼントになる時

計、（ネクタイのような）吊り下げられたディスプレイ、（ネクタイのような）何本も持てる価格帯…などのように。同時に顧客に対しても、「それが何なのか＝スウォッチの時計とはいったい何なのか？」がすぐに包括的に把握できるメッセージとなっています。

スティーブ・ジョブズは、初代 iPod のプレゼンにおいて「１０００曲をポケットに」という表現を用いました（Sinek 2009）。これはそのまま、社内における判断基準としても用いられたといいます。つまり、厚みが何㎜で、記憶容量が何ＧＢで、素材が、耐久性が、重量が、ユーザーインターフェースが、操作性が、というそれぞれの担当の論理での会話ではなく、「１０００曲がポケットに入って持ち運べ、気軽に聞けるかどうか」という統一した判断基準を持ち、ジョブズは、それに向かってそれぞれの論理（環境認知・解釈）を活かすように導いたのです。

ソニーで２０１２年に社長に就任した平井一夫は、事業の多角化により各担当によってソニーのアイデンティティの認識が異なり揺らいでいたところに、「ソニーは感動を届ける会社」という表現をすることで、エレキ、金融、エンターテインメントなどの多角的な事業の方向性を一つにまとめました（入山 2019）。

他にも、国鉄が１９５８年に初めて東京と九州間を一本で結んだ寝台特急列車（後にブルートレインの愛称で親しまれます）の開発では、「走るホテル」という表現で開発者の強い想いをすべての関係者に浸透させた例（ＢＳフジ「鉄道伝説」製作班 2019）など、このような例はたくさん挙げられます。

これらはすべて、組織のリーダーによるセンスメイキングの事例です。そしてここで気づくのは、

「ネクタイのような時計」「1000曲をポケットに」「感動を届ける会社」「走るホテル」のような「必殺の一言フレーズ」が共通して使われていることです。このフレーズのことを「メタファー」と言います。メタファーは比喩表現のことで、特に何かを別の何かで置き換えて表現することです。ここでメタファーは、どんなに言葉や用語を尽くして長く説明するよりも、その一言ですべてのイメージが一瞬にしてみんなに伝わる魔法の言葉のようなものとして機能しています。

ただ、メタファーは誰にもやさしくすっと入ってくるので、考え出すこともたやすいかというと、そうではありません。「一言ですべてのイメージが一瞬にしてみんなに伝わる魔法の言葉」を捻り出すのは、かなり難しい作業です。まず、人々のものごとに対する多様な解釈を理解しなければなりません。そしてその多様な解釈を一つの方向に導いていく言葉にまとめなければなりません。

私たちが、メタファーをうまく用いるためには、どうすればよいのでしょうか。まず、「人々のものごとに対する多様な解釈の理解」を得るための方策として、デザイン態度の要素にある共感や五感を活用しようとする姿勢が強く関連していると思います。さらに、「それを一つの方向に導いていく」ために、その多様な解釈（バラバラの方向性を持った断片）を、目下の状況で必要なものとして一つにまとめるところに、「限られた持ち合わせの雑多な材料と道具を間に合わせで使って、目下の状況で必要なものをつくること」という、デザイン特有の「ブリコラージュ」の概念が適用・利用できるものと考えます。

3-2-3　ブリコラージュ

ブリコラージュとは、1章で触れたように、フランスの文化人類学者であるクロード・レヴィ＝ストロースが『野生の思考』(Lévi-Strauss 1962) で言及している概念で、「限られた持ち合わせの雑多な材料と道具を間に合わせで使って、目下の状況で必要なものをつくること」です。彼はさらに、ブリコルール（ブリコラージュする人）の仕事の対立概念として、エンジニアの仕事を置いています。

エンジニアが、全体的な計画としての設計図に即して考案された、機能や用途が一義的に決められている「部品」を用いるのに対して、ブリコルールは、もとの計画から引き剥がされて一義的に決められた機能を失い、「まだ何かの役に立つ」という原則によって集められた「断片」を、そのときどきの状況的な目的に応じて用いる。(小田 2008)

ここで振り返っておくと、マネジメント態度とは、既存の選択肢の中から合理的な選択を行う目的の下にある態度でした。一方で、デザイン態度とは、過去や前例にとらわれず、新たな選択肢をつくることに能動的に関与する態度です。どうでしょうか、これは先のエンジニアとブリコルールとの対比に似ていませんか？

つまり、「エンジニアとマネジメント態度」、「ブリコルールとデザイン態度」というような組み合わせにおいて、それぞれ類似性・親和性が見出せるのではないかと考えます。エンジニアの「全体的な計画としての設計図に即し」「機能や用途が一義的に決められている『部品』を用いる」というところが、マネジメント態度の「既存の選択肢の中から合理的な選択を行う目的の下にある」と類似・親和していないでしょうか?

一方で、ブリコルールの「もとの計画から引き剥がされて一義的に決められた機能を失い」「そのときどきの状況的な目的に応じて用いる」というところが、デザイン態度の「過去や前例にとらわれず、新たな選択肢をつくることに能動的に関与する」と似てはいないでしょうか?

そうであるならば、「エンジニア:マネジメント態度」では、部品はあらかじめ決められた設計図のもとに位置づけられ、機能や用途が当初の目的を越えることはありません。一方、「ブリコルール:デザイン態度」では、ブリコラージュの材料となるものは、あらかじめそれが持っていた機能や用途が失われ、そのときどきの状況における新たな目的のもとに、新たな意味を持つことになります。ここでも、デザイン態度が、新たな意味の生成に関与することが見て取れます。

3-2-4 ベルガンティの意味のイノベーション

前掲の図3-1に示されているように、デザイン・ドリブン・イノベーションは、意味と技術との特別な相互作用がない(テクノロジープッシュを前提としない)領域においても存在します。ベルガンティは、この部分を「意味のイノベーション」として純化し、そのプロセスをまとめています(八重樫ほか 2019）。

ベルガンティは、ここで社会の変化に連れて、人々に求められるイノベーションの性質もまた変化してきていることを指摘しています。イノベーションについて、これまでにたくさんの本の中で述べられてきました。そこには共通して「イノベーションにはまず良いアイデアが必要である」という暗黙の前提があった、とベルガンティは指摘しています。実際に今でも多くの企業では、アイデアを得ることが最重要視され、ブレインストーミングやワークショップが頻繁に行われています。

しかし一方で、近年ではクリエイティブ・クラス（Florida 2002）として多くの人々が創造的な仕事に携わり、アイデアを生む手法やツールも普及しています。さらに、デジタルテクノロジーの発展によって、誰もが多くのアイデアに簡単にアクセスできるようになりました。ネットでキーワードを検索すれば、瞬時に世界中の関連する知見、取り組み、成功事例、失敗事例、関わった人たちの意見・感想、そして偽情報やデマまで得られます。

このような環境下では、私たちは簡単にアイデアを見つけることができる反面、アイデアに逆に埋もれてしまい、その価値を見失ってしまいます。ベルガンティは、このようなアイデアのあふれた状況を"Overcrowded"（ひどく混雑した状態）と呼んでいます（Verganti 2017）。この状況では、これまでに求められてきたような「新たなアイデアを生む」ことよりも、その「アイデアの意味を問う」ことが必要となります。この「意味を問うこと」こそが、イノベーションのアプローチの鍵となることを、ここで改めてベルガンティは強く指摘しています。

またもう一つ、これまでのイノベーション実践の暗黙の前提として「問題解決」が目的とされていることが挙げられます。ベルガンティはここで改めて、この「問題解決のプロセス」に対して異を唱え、「意味を問うこと」つまり意味のイノベーションの重要性を指摘します。ベルガンティは従来の「問題解決のイノベーション・プロセス」と「意味のイノベーション・プロセス」を比較し、以下の二つの点の違いを明らかにしています。

一つ目は、問題解決のイノベーション・プロセスが、「外から内」に向けての方向性をとるのに対して、意味のイノベーションは「内から外」へのプロセスを経て実現されることです。多くの問題解決のイノベーション・プロセスでは、まず（主体から物理的・心理的な）外に出て、ユーザーが既存製品を「どのように」使用するかを観察し、そこに問題を定義して、外部者を巻き込みながら「どのように」解決していくかについてのアイデアを提案していきます。これは外から内に向かう「どのように（How）」を追求するアプローチであり、（ユーザーや外部者の思考や行動の枠組みの中にある問題しか定義できないという点で）市場ですでに明らかになっている問題に対して、よりよい何か（漸進的な改善）を提供する方法です。

一方で、意味のイノベーションでは、自分の内にある「なぜ（Why）」を追求します。自分の内にある疑問に一つずつ向き合いながら、そこに一つずつ意味を見出し、外へ向けてかたちにしていくプロセスです。これは人々がモノを使用するための新しい理由を提案するアプローチであり、「よりよい何か」ではなく「より意味のある何か」を提供することで、人々を魅了していく方法です。

このアプローチを示す事例としてベルガンティは、ロウソク産業におけるヤンキーキャンドル社（Yankee Candle）を挙げています。ロウソク産業は、数百年の歴史を持つ産業であるのにもかかわらず近年売り上げが急上昇した稀有な産業です。1990年代に売り上げが上昇し、2000年に頂点に達しており、年成長率は10%と高くなっています。1969年にマサチューセッツで起業したヤンキーキャンドル社は、歴史が深いロウソク製造業では新規参入者です。その新参者が、2012年の香り付き高級ロウソク市場で44%のシェアを獲得し、売上高は8億4400万ドルに上ったのです。

ヤンキーキャンドル社のロウソクを見ると、それは分厚い瓶の中に入っていて、炎がほとんど見えません。このロウソクは部屋を明るくするという、伝統的なロウソクの目的を果たしていません。代わりに、150種類以上のさまざまな香りがあり、大きなラベルにそれぞれの香りの種類が記入されています。これらの要素の何が、ヤンキーキャンドル社を成功に導いたのでしょうか?

それは、ロウソクの意味を変えたことだとベルガンティは指摘します。ヤンキーキャンドル社は、これまでの明るさを求める単なる「光源としてのロウソク」という意味から、人々を癒やす「香りの空間創造としてのロウソク」という意味へ変化させ、大きな市場を獲得したのです。人々がこの製品を使う理由は、友人を自宅に招いたり、一人で過ごすときに空間に温かなぬくもりを感じたいからです。より明るく、明かりを長持ちさせたいという、これまでのロウソクにあった支配的な解釈は、同社の「ロウソクの香りによって人々を心地よくさせる」というビジョンのもとに、抜本的に変化したのです。

意味のイノベーション・プロセスと従来の問題解決のイノベーション・プロセスとの違いの二つ目は、意味のイノベーションの考え方には、アイデアを創り出すスキルではなく「批判精神」を必要とすることです。ここでの「批判」とは、ものごとを否定的に捉えることではなく、古来の哲学者たちの行為における定義に遡るべく、ものごとのあり方やその意味を根源的に吟味することを指します。問題解決のイノベーション・プロセスが外部から得られるアイデアを必要とするのに対して、意味のイノベーションでは自分自身の「なぜ」に対する仮説を外へ向けて進めていくことが必要です。そのためには、自分自身の仮説が他の人々にとって意味のあるものなのかどうかを確かめなければなりません。自分自身の仮説は最初ははっきりしないため、時間をかけて方向を定め吟味し、より強いビジョンへと育んでいく必要があります。そのために、批判精神（ものごとのあり方やその意味を根源的に吟味すること）が不可欠なのです。

この批判精神の効用を示す事例として、ベルガンティは、ネストラボ社（Nest Labs）のサーモスタットを挙げています。ネストラボ社は、元アップル社のマネージャーであるマット・ロジャースとトニー・ファデルによって２０１０年に設立されました。同社のサーモスタットは、生活者の生活習慣を学習し、ユーザーによってプログラミング操作を必要としないシンプルな製品で、サーモスタットのスイッチを操作するだけで、その家族にとっての適温を学習するものです。

ここで、従来のサーモスタットにおける「温度を自分で思うようにコントロールできる」という意味が、「自分で温度をコントロールしなくても心地よく過ごせる」という新しい意味に取って代わることになったのです。ネストラボ社は、その後２０１４年にグーグルに32億ドルで買収されました。

この事例の興味深い点は、設立者の二人は、これまでのイノベーション実践にて重要視されてきたアイデア創出のためのブレインストーミングをせず、むしろ全く反対のアプローチをとっていた点にあります。二人の会話は、ブレインストーミングのルールとして一般的に取り入れられている「他人の意見を批判してはならない」というルールに背き、厳しい批判を繰り返すことで成立していました。このそれぞれの立場からのモノの見方をぶつけ合いながら、「スパーリング」を通してビジョンを深く明確にしていくことが、意味のイノベーションの中核をなす取り組みとなります。

ベルカンティは、この信頼できるペアで行う厳しい批判のプロセスとしてのスパーリングの重要性を指摘しています。スパーリングは、ベルガンティのセンスあふれるメタファーです。ボクシングのスパーリングを想像してみてください。

本番の試合前に自分の仕上がり具合を確認するスパーリングにおいて、相手は自分より強すぎず、弱すぎもしないことが求められます。強すぎると本番の試合前に自信をなくしてしまいます。逆に、弱すぎると本番の調整になりません。さらに、本番で繰り出そうとする技が通用するかどうかを試し見極めることもスパークリングの趣旨ですから、相手には自分の戦略や意図、持ち味や弱点をよく理解してくれていることも求められます。このように一つひとつの動きの意味を確認しながら対話するのがボクシングのスパーリングであり、単に相手を倒すことが目的ではないことに気づくでしょう。

意味のイノベーション・プロセスにおけるスパーリングも同様で、その相手選びと相手との関係性が重要になります。批判はビジョンを強くするためのものであり、相手の考えや存在を倒す（否定する）ことではありません。また、どのような意図で今そのビジョンを語っているのかという背景を理解できること、気兼ねなく誤解を恐れずにビジョンを素直に出せるような関係性がそこに求められます。

このような批判精神を持つことは、意味のイノベーションにおいてビジョンを育んでいくための重

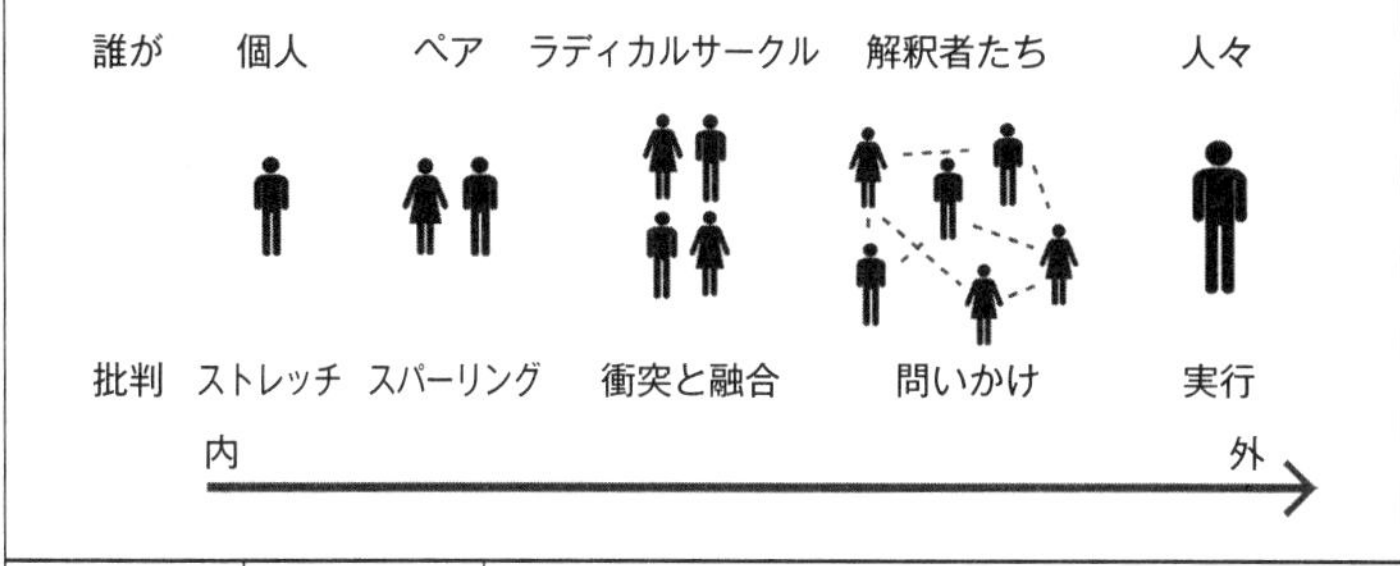

誰が　個人　ペア　ラディカルサークル　解釈者たち　人々

批判　ストレッチ　スパーリング　衝突と融合　問いかけ　実行

内 → 外

ステップ1	個人による熟考	一人ひとりがものごとに対する自分の解釈の前提に疑問を投げかけ、新たな解釈で捉え直す。「自分自身の考えを起点にすること」が重要なポイントである。多人数で意見を出し合うブレインストーミングでは、他者の目を気にして尖った意見を出すことをためらってしまったり、無難な表現に修正して表現してしまいがち。ここで、個人の熟考によって、自分のビジョンをより深く掘り下げ・拡張する（ストレッチ）ことで、この弊害が回避できる。
ステップ2	ペアによる批判	二人1 組のペアになり、互いの考えを磨き上げていく（スパーリング）。信頼できる仲間の建設的な批判にさらされることで、自分のビジョンやアイデアはより強いものになる。
ステップ3	ラディカルサークルによる厳しい批判	10人未満くらいのグループで、議論をさらに厳しい批判にさらす。この批判では、比較検討することを重視し、より優れた価値提案が見つかる可能性を検討する。 ここでのポイントは、みなの「共通の敵」をつくることである。好きなものよりも嫌いなものを話し合ったほうが意見はまとまり、仲間が団結し、強力な一体感が生まれる。
ステップ4	解釈者による批判	ここまでまとめられたビジョンを、新鮮な視点を持つ広範な領域の専門家（解釈者）の批判にさらす。新たなアイデアの創出を目的に解釈者を関与させるわけではない。新たなモノの意味を確固たるものにするために、厳しい意見をもらうことが主目的である。この解釈者の質が意味のイノベーションを導く重要なポイントとなる。

図3−3　意味のイノベーションを導くプロセス（Verganti 2016 より筆者作成）

要な要素です。人々にとっての意味は絶えず変化する可能性を持っています。これまでの社会で形成されていた考え方は、人々の批判の中で新たな解釈を得て鍛えられ、一般に受け入れられるものとして育まれていきます。ここでより意味のある方向、より意味を成す方向を見出すということが、意味のイノベーションにおいて最も重要です。この意味のイノベーションを導くプロセスは、ベルガンティによって図3-3のようにまとめられています。

このような意味のイノベーションを示す事例として、岩手県大迫町（現・花巻市）とオムロンヘルスケア社とのコラボレーション（大迫研究30周年記念講演 2016）に注目できます。１９８０年代半ばから、両者によって家庭用血圧計の開発と普及施策が大規模な研究プロジェクトとして進められ、そこで血圧の意味が「病院に行って計測するもの」から「普通の生活環境において計測するもの」へ、そして血圧を用いた病状判断の意味が「病院という非日常の場での数値による判断」から「日常の数値による判断」へと変えられました。この過程において計測された値が、ＷＨＯの世界保健基準値となるような大きな波及効果まで得られています。

このプロセスを、図3-3のベルガンティがまとめた意味のイノベーションを導くプロセスに当てはめてみると、それは一人の医師のビジョンから始まり、社会を巻き込み、世の中を変えていく壮大な過程として描き出されます。またオムロンヘルスケア社は、重要な解釈者として機能していたことがわかり、意味のイノベーションにおける解釈者の重要性が改めて理解できます。以下に見ていきましょう。

ステップ1：個人による熟考

東北大学で血圧に関する研究を行っていた今井潤氏は、病院（非日常）での血圧計測値では正確な病状判断ができないので、誰もが家庭で計測できるようにし、その値の変化に基づき病状診断できるようにできないか考えていました。これは、今井氏のビジョンと言えるでしょう。

ステップ2：ペアによる批判

脳卒中多発地域であった岩手県大迫町で、住民の健康向上の方法を模索していた永井謙一氏（県立大迫病院長）に、今井氏が血圧を家庭で誰もが自分で測定することの有用性を提案し、その実現のための議論を重ねました。

ステップ3：ラディカルサークルによる厳しい批判

両氏の活動によって、その考えは行政や地域の保健師も受け入れられ、この研究は町の保健事業として発展しました。そしてさらに、オムロンヘルスケア株式会社の全面協力により、大迫町での大規模調査のために、家庭用自動血圧計の提供が得られました。

ステップ4：解釈者による批判

大迫町の約１９００人の住民の家庭での血圧計測値を平均五年間追跡し、高血圧の基準としておよそ１３５／８５ｍｍＨｇという値が導き出され、後にそれがＷＨＯの世界保健基準になりました。

これにより血圧を用いた病状診断においては、病院計測値より家庭計測値が優先されるようになったのです。

4章 組織や社会を新たな方向に導くためのデザイン

4-1 デザインリーダーシップ

4-1-1 デザインの考え方によって組織を新たな方向に導く

さて、ここまでの話が単なる製品開発におけるイノベーションプロセスだけに適用されるものではないことにすでにお気づきでしょうか。ここまでは、「ものごとに意味を与える行為」としてデザインを捉えながらも、「製品」を対象に検討してきました。

ではここで、「製品」を「組織」に置き換えて考えてみれば、組織のイノベーションプロセスにも、これまでの検討は十分に適用できる話だと思いませんか？ イノベーションという言葉が限定的に響くようであれば、組織開発のプロセスという言い方がよいかもしれません。組織開発のプロセスにもこれまでの話は適用できると思いませんか？

実際に私たちは、デザインマネジメントを「製品デザインプロセスのマネジメント」と「デザインの考え方を用いた組織のマネジメント」いう二つの視点から捉えています（八重樫・安藤 2019）。「製品デザインプロセスのマネジメント」は、単に製品単体の色かたちの意匠設計だけを指すものではなく、研究開発、マーケティング、技術開発、製造、流通、販売など各部門を統合し、新たな価値の探求から製品の製造、そしてそれを社会に提供するまでのプロセスを包含しています。

この製品デザインに関わる統合的で包括的な概念を組織で円滑に実行するためには、プロセスの効果的なマネジメントだけではなく、組織を構成するすべての人々にデザインの考え方を浸透させ、組織にデザインの文化を形成していく必要があります。それは単に組織内で「製品デザインプロセスのマネジメント」を円滑に促すことにとどまらず、組織に新たな方向性をもたらすものになりうると考えます。これが、「デザインの考え方を用いた組織のマネジメント」です。

また、この「デザインの考え方によって組織を新たな方向に導く」という観点から研究が進められているのは「デザインリーダーシップ」に関する研究群です。デザインリーダーシップに関する研究は、イギリスのデザインコンサルタントであるアラン・トパリアンによって、１９８０年代からその概念の考察が始められました。

4-1-2 トパリアンのデザインリーダーシップ研究

トパリアンの1984年の論文“The role of company boards in design leadership”（「デザインリーダーシップに関する取締役会の役割」）では、情報化社会・経済への移行によって当時の社会でデザインの重要性が増している時代背景が指摘され、そこで企業の経営幹部（取締役会のメンバー）は自社のデザインに対する責任を認識しなければならないことの重要性が説かれています（Topalian 1984）。そして、この経営幹部におけるデザインに対する責任のことを、トパリアンはデザインリーダーシップと呼んでいます。

さらにトパリアンは、経営幹部に対して社内で行われているデザインを全体的・包括的に理解できるような枠組みを提供することが急務であることを指摘し、以下の八つの項目からなるチェックリストを提案しています。

1 デザインが会社の長期的な利益向上に貢献する重要な要素であることと、そのマネジメントのために厳密で公式な組織のコミットメントが必要であることの認識

2 経営幹部（取締役会）の中に、正式にデザインに関わる案件の責任担当者を置き、取締役会で定期的にその担当者からの報告を設けること

3 会社の中心的な領域からデザインのリソースが散逸しないようにすること

4　会社のマネジメントの中に、デザインマネジメントのシステムを厳密に位置づけること

5　トップマネジメントがデザイン諸活動への資源の投資と目標を設定し、その成果を適切なタイミングで評価すること

6　会社が外部との関係構築に関するデザインポリシー（たとえば、顧客やステークホルダーに対して効果的なビジュアル・アイデンティティが示せているか、製品や工場の品質がその地域のリーダーとして認められるような評判を高めているか）を十分に有していること

7　会社の特徴となるような長期的なデザイン戦略を指揮すること

8　経営幹部が、会社の関心のある分野で活躍する外部のデザイナーにアクセスし、将来の連携を適切に検討できるようになること

1984年という時代の背景を踏まえてこれらに目を通した場合、どのような感想を持たれるでしょうか。ここでのデザインリーダーシップは「経営幹部が認識すべきデザインの責任」であり、「経営幹部」という対象に限定されています。しかもその「デザイン」は、企業の中での専門的で狭い範囲にあり、この二重の意味でデザインリーダーシップは、まだ非常に狭い範囲でしか捉えられていません。

一方で、ここで「日常のデザイン業務に関わる管理（製品デザインプロセスのマネジメント）」と、「デザインを使って組織や人を導くという解釈」が分岐しました。それはとても重要で決定的な瞬間だったと言えるでしょう。

続いて1990年の論文“Design leadership in business: The role of non-executive directors and corporate design consultants.”（「ビジネスにおけるデザインリーダーシップ――社外取締役と企業／組織デザインのコンサルタントの役割」）でトパリアンは、「社外取締役」と「企業／組織デザインのコンサルタント」におけるデザインリーダーシップについて問うています（Topalian 1990）。先ほどの1984年の論文での対象が「（常勤の）取締役」つまり「中の人」の役割だったのに対し、この1990年の論文では、企業の「外から関わる人」の役割について検討する、ということになります。トパリアンはこの論文の背景として、1984年の論文に引き続き、企業やビジネスパーソンにおいてデザインの重要性の認識がまだ低いこと、特にデザインリーダーシップとして企業におけるデザインの理解・戦略的活用・投資に関する責任がまだまだ軽んじられていることに言及しています。

さらに、トパリアンはここで扱う「デザインリーダー」とはどのような人なのかについて述べています。デザインリーダーとして私たちがまず思いつくのは、自らデザインスキルに長け、大きなデザインの成果を上げている人や企業だと思います。でも、トパリアンはここでデザインリーダーをそれだけに限らず、以下のように説明しています。

> デザインリーダーにはさまざまな装いがあり、ビジネスのあらゆるレベルで見つけられる。彼らがデザインの訓練を受けている必要はない。（Topalian 1990）

この「デザインの訓練を受けている必要はない」というところは重要な指摘だと思います。とはいえ、そうであるなら、デザインリーダーにはどのような特質があるのでしょうか？　トパリアンは続いて以下のように述べています。

デザインの訓練を受けていなくとも、クリエイティブな才能を適切に組み合わせ、並外れた結果を引き出すコツを得ている「デザイン・インプレサリオ」がいる。（中略）彼らの最高のスキルは、エネルギー、洞察力、大胆さで人を感動させることにあるだろう。（Topalian 1990）

インプレサリオとは、イベントなどを仕切り資金調達をも行う役、いわゆるプロデューサーのことを言います。自分がデザイン実務を行わなくとも、デザインプロジェクトチームを率いてビジネスに成功をもたらすことに長けた能力を持つ者も、デザインリーダーとして定義されるということです。しかし、デザインリーダーとは、このようにかなり極端に特化した才能の持ち主のことだけを指すのでしょうか？　これについてのトパリアンの見解を見てみましょう。自らデザインスキルに長けた者と、前述のデザイン・インプレサリオの間（にある特性や能力）について、以下のように述べられています。

その間には、さまざまな段階で創造的な才能とデザインマネジメントのスキルを兼ね備えた人たちがいる。従来の常識を覆す探究心とスタミナで細部に目を配り、デザインを改善するためのアイデアや、同僚からの信頼を得るためのアイデアを出せる人もいる。また、方向性をはっきりと示すことで、リスクを皆が許容できるように納得させ、仲間の信頼を得る人もいる（「フィクサー」と呼ばれる）。彼らは自分自身で質の高いデザインを行うことはできないが、他者を介して質の高い結果を出すことにより、信頼されている。さらに、彼らにはトップパフォーマーの直感を具体化してまとめあげ、一般に伝達して利用可能にする能力がある。（Topalian 1990）

ここまでで、トパリアンの描くデザインリーダー像が見えてきたでしょうか？「自分自身でいわゆるデザイン作業は行わないが、他者を介して質の高い結果を出す、またトップパフォーマーの直感を具体化してまとめあげることができる」ということが、トパリアンの主張の中心的なところだと考えます。

そしてトパリアンは、このデザインリーダー像を具現化する、ビジネスにおけるデザインリーダーシップの鍵要素を以下の13項目のリストにまとめています。

1　デザインを通して何が可能になるのか、より広い視野に目を開かせる
2　デザインマネジメント領域の「地図」を提供する
3　デザインの取り組みにおける、焦点と向かうべき方向性をつくりだす
4　デザインに関する責任を負うためのサポート
5　問題解決のために、新鮮（fresh）で「新たな風を吹かす（refresh）」アプローチを導入する
6　よりよい成果を得るために適した才能／特性／能力を利用する

7　デザインへの投資の有効性と効率を高める
8　デザインマネジメントにおける「ハードウェア」と「ソフトウェア」への注意力のバランスをとる
9　「長期的な検討事項」と「短期的な検討事項」のバランスをとる
10　「目に見えるリーダーシップ」と「見えないリーダーシップ」のバランスをとる
11　デザインを他の専門領域とよく統合する
12　企業の言語を拡張し、デザインを組織的に理解できるようにする
13　研修を通して質の高いデザインを「見える化」する

このようなデザインリーダーシップ要素について、外部役員とコンサル、つまり社外から関わる立場の人々がどのような役割を担うか、という検討がこの論文の肝になるところです。トパリアンはその担当者にふさわしい特質として、「経験」「知識」「適性」「能力」「実働」の観点から以下のようにまとめています。

経験

1　デザインとデザインマネジメントの実践活動において、パフォーマンスと規範を身につけ、それらを監査できる
2　業界や企業の状況に応じたさまざまなタイプの組織のコンサルタント業務ができる

3　クライアント組織と長期的な関係が続いている（三年以上）
4　デザインの複数の分野を網羅し、またデザインの外にある問題を扱うような広い射程を持ったプロジェクトを、数年間持続させている
5　取締役と対等に接することができる
6　ビジネスの実務・実践

知識

1　企業財務の基本、特に業績と健全性の重要な尺度の理解
2　取締役会の機能と取締役の法定義務の理解
3　ビジネスにおけるデザインリーダーの役割と責任を踏まえた、デザインに関する責任の性質の理解
4　デザインの成功を生み出す組織的な特徴、つまりデザインマネジメントの根幹を整備するうえで、どんな要素が必要であるかに関しての明確なビジョン

適性

1　誠実さと自立性
2　客観性、プロフェッショナリズム、責任感
3　競争力を維持するための警戒心を持ち続けることを同僚に促し、デザインへの効果的な投資を

通じて企業業績を向上させる機会をつくり出すことに積極的な姿勢

4　企業活動の文脈に適切にデザインを置き、他のビジネス分野と統合するための関係をつくり出す

5　企業と顧客との親密な関係づくりを促進し、その間にある潜在的なギャップを埋めるために顧客側に立つ

6　効果的なチームワークとチームづくりに役に立つ存在

能力

1　デザインが企業の業績向上へ貢献する潜在的な可能性を表現できる

2　厳格なビジネスマナーのうえで、明確に包括的なデザインマネジメントの「地図」を表現できる

3　デザインのマネジメント業務において、独創的な考え方ができる

4　デザイン実務を自身が実際に担当しなくても、アイデアや基準を明確に伝えられる表現力を持っている

5　人々に対して理解を促すだけでなく、やる気を起こさせ、仕事ができる

6　組織の実状を読み解き、多様な企業文化の中で仕事ができる

7　デザインマネジメントの領域で、自己への信頼性を確立し実績を迅速に構築できる

8　非協力的で敵対的な企業内環境であっても、適切に企業を擁護できる

9　ビジネス環境の変化に敏感で、企業に変化を促す役割となる
10　重要な問題を見つけ解釈する知的な洞察力、自立して問題解決を追求できるスタミナ
11　大事に至らずに、戦略的課題と細かい課題間を迅速に切り替えられる柔軟性
12　効果的なアイデアを長期的に実行するための能力とモチベーション
13　創造性の高い仕事よりも、日常的な仕事に取り組む際に情熱を持続させることができる
14　コーチとして親身になって相談にのってくれる

実働

1　月に二日までで、三年から六年間
2　非公式な打ち合わせには対応する

このリストを見てどう思われるでしょうか？　このリストは主に、トパリアン自身のビジネス経験から導かれまとめられたものでしょう。実務経験から導かれたものなので、その信頼性は高いものと積極的に捉えることはもちろん可能です。でも、そこには現実課題に対する理想がどうしても含まれてしまうはずです。そうすると理想を求めるあまりスーパーマンのようなリストになってしまい、現実にこの要素を兼ね備えた人物がいったいどれほど存在するのだろうか、という懸念もここに提示することができるのではないでしょうか？

とはいえ、これを積極的に解釈することも可能です。このリストの要件を満たすために努力する人

が現れ、実際にそれを満たす人物が世の中に増えれば、デザインリーダーシップが組織に浸透していくことになります。こう考えれば、このようなリストは何の問題もないと言うこともできるでしょう。

このようにトパリアンの１９９０年の論文（Topalian 1990）では、ビジネスにおけるデザインリーダーシップに関して「外部取締役」と「企業／組織デザインのコンサルタント」の役割についての整理がなされました。前に取り上げた１９８４年の論文（Topalian 1984）は、「デザインリーダーシップに関する取締役会の役割」を検討したものでした。これをまとめると、

「取締役会」→「外部取締役・企業／組織デザインのコンサルタント」

というように、デザインリーダーシップの検討において、企業の中枢から外部へとベクトルが移動していることに気づきます。このベクトルはどのように動いていくのでしょうか。

では、続いて２００２年のトパリアンの論文"Promoting design leadership through design management skills development programs"（「デザインマネジメントスキル開発を通したデザインリーダーシップの促進」）を見ていきます。この論文の問題提起は以下のように要約されます（Topalian 2002）。

企業におけるデザインマネジメントの重要性はますます増しているが、社員研修や経営者育成プログラムの中で、デザインはかたちを伴うインプットとしてしか捉えられておらず、デザインマネジメン

トに関するスキルを扱っている企業はほとんどない。

しかも、デザインマネジメントが、マネジメント領域・エンジニアリング領域・デザイン領域のそれぞれの中にあるものを単に足したものではなく、それらを超えた知見を有しているという事実を認識している研究者もほとんどいない。

デザインマネジメントに関する有用な知見は、企業における実務経験の中に豊富に表れている。しかし、その経験を文書化して多くの人に対して公開することに、真剣に取り組んでいる実務家や研究者もほとんどいない。

だから、それらの経験を「最先端の実践」から引き出すための洞察力と専門知識を持っている人がまだ少ない。(Topalian 2002 より要約)

ここまで1980年代からのトパリアンの主張を見てきたので、この怒りにも似た感情はよく理解できるのではないでしょうか。このとき(2002年)のトパリアンにしてみれば、もう20年以上も言い続けているのに、まだまだみんなわかってくれていない、という気持ちなのでしょう。でも、今私たちはさらにその二十年後に生きていて、この世界でトパリアンの主張が浸透しているかと問われれば、素直にYESとは答えられません。まさにこの状況が、私たちがデザインマネジメントを専門に研究している理由であり、この本を書いている理由でもあるのです。

さて、このような問題提起に基づいた論文の内容は、社員研修や経営者育成プログラムの一つとして扱われるべきデザインマネジメントスキルについて検討しようというものです。まず、最初にトパ

主題＼対象	デザイナー	マネージャー
マネジメント	デザイナーのためのマネジメント研修	マネージャーのためのマネジメント研修
デザイン	デザイナーのためのデザイン研修	マネージャーのためのデザイン研修

図４－１　デザインマネジメントの旗印のもとに提案される研修の分類（Topalian 2002 より筆者作成）

リアンが検討しているのが、上のような図です（図４－１）。

トパリアンの主張をここで先にズバッと言ってしまうと、これまでデザインとマネジメントに関する研修はこのような象限に分けられて行われてきたけれど、「デザインマネジメント研修とはそういうことじゃない！」つまり「分けて考えるな！」ということになるでしょう。

現に私たちのところには今でもいろいろな企業から、デザイナーと経営者（マネージャー）のコミュニケーションがうまくいっていないのでどうにかならないか、という相談が多く来ています。そこに横たわっている現実は、デザイナーは経営者が用いる会社経営や経済の論理がわからない（それはデザイナーには、目先の利益優先で経済合理的な判断にしか映らない）、一方で、経営者はデザイナーの考える論理がわからない（それは経営者には、実現性を抜きにしてコストを上げ効率を下げるだけで、かつ誰も気にしないような細部にこだわっているようにしか見えない）、という平行線の議論です。

そこで「デザイナーのためのマネジメント研修」と「マネージャーのためのデザイン研修」の二つが実施されることになります。実際に私たちもこのようなかたちでの研修を何度か（も）手がけてきました。トパリアンの図で言うと、第2象限と第4象限のところです。

確かにこのやり方によって、デザイナーはマネジメントの論理を理解できるように（もう少し正確に言うと、理解しようとするように）なるかもしれませんし、マネージャーはデザインの論理を理解できるように（理解しようとするように）なるかもしれません。だから、双方のコミュニケーションの円滑化には貢献できるかもしれません。

でも、その企業がデザインマネジメントスキルを身につけられたか／理解したかどうかはそれとは全く別の話だという、トパリアンの主張はもっともなものだと思います。社員全体がデザインマネジメントスキルを学び、理解しないと、デザインを戦略的に活用できる企業にはなりません。とはいえ、ここでトパリアンの言うデザインマネジメントスキルとは何のことでしょうか？ 彼自身もビジネスや企業において、デザインマネジメントが包含する内容のコンセンサスが十分にとれていないことを問題視しています。そこでトパリアンは、図を用いてデザインマネジメントの全体像を説明しています（図4-2）。

ここで図の中心に「デザインの責務とリーダーシップ」が据えられていることに注目できます。ここに、デザインマネジメント・スキルを身につけることで発揮されるのがデザインリーダーシップである、というトパリアンの主張が透けて見えます。

さらに、トパリアンは企業においてデザインマネジメント研修を行うことの効果やメリットを得々

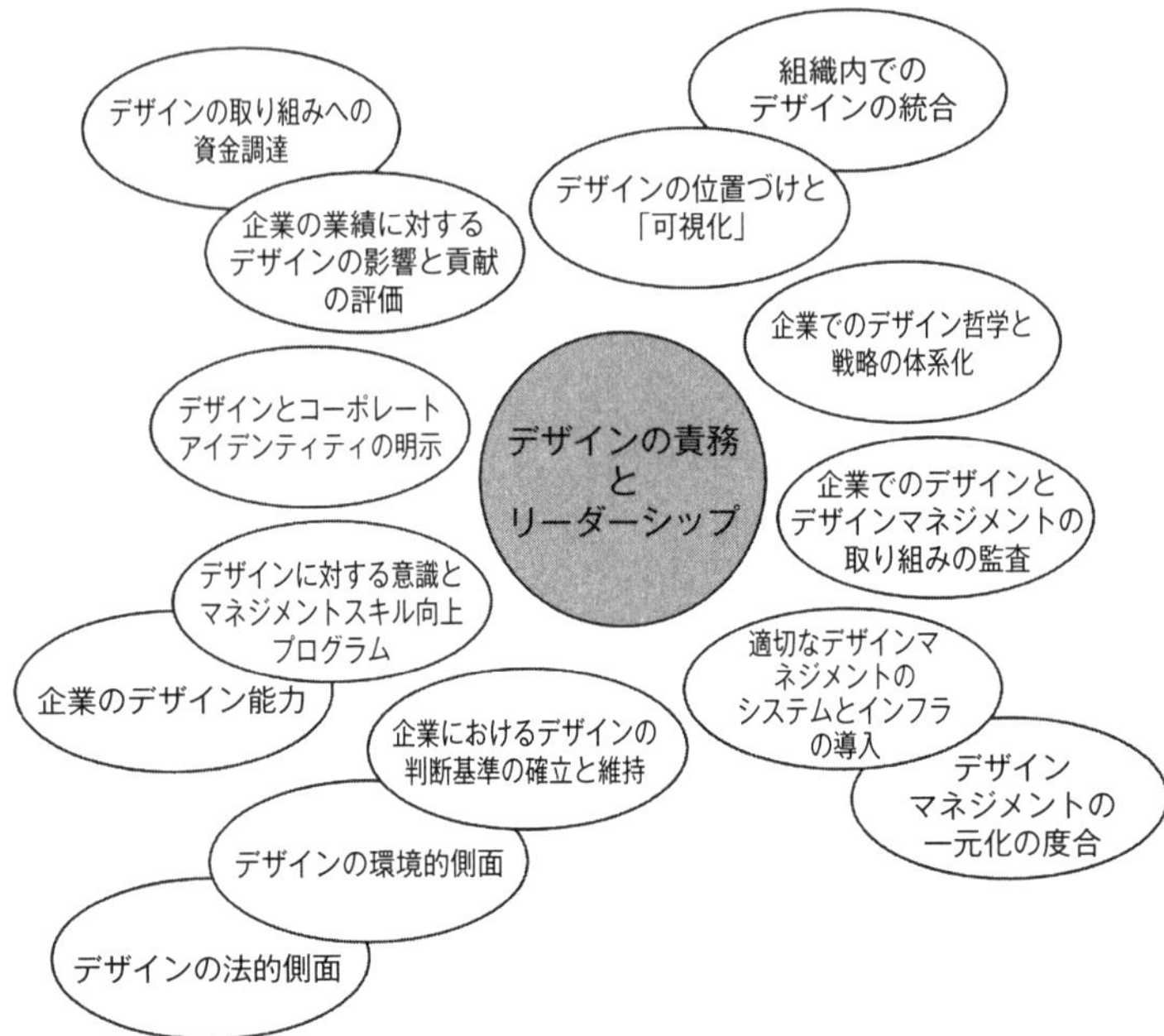

図4−2　デザインマネジメントの全体像（ユニバース）—— 企業レベルでの主要テーマ（Topalian 2002 より筆者作成）

と述べています。その中で、以下のような内容が挙げられています。

・組織の各部署の主要な役職におけるデザインリーダーシップを醸成する

・経営者および社員がデザインを通じて、優れた（事業や仕事の）機会を創造するのに役立つ　（Topalian 2002）

特に二つ目の点が重要なものと考えます。デザインマネジメントスキルを得るための研修を通して、デザインリーダーシップが経営者や社員に醸成されると、単にその会社のデザイン業績が上がるだけではない、ということです。それは「優れた（事業や仕事の）機会を創造する」という一般のビジネス行為にも有用である、という指摘です。これは、「デザインの考え方によって組織を新たな方向に導く」という私たちの主張を裏付けるものともなります。

とはいえ、トパリアンはこの論文の最後に「残念ながら、実際にこのようなデザインマネジメント研修プログラムが実施されている企業はほとんどない」と述べています。さらに、理想的なプログラムのあり方について提起することで論を結んでいます。その主要な点を挙げておきます。

・このプログラムは、採用後すぐの全社員を対象とした導入研修の中で、デザイン意識を高めるための必須科目として始め、その後、特定の目的に合わせた研修として続いていく、というように組織開発における継続的なプログラムとして認識されるべき。
・デザインマネジメントスキルの育成は、幹部の持つべき能力の根幹を形成し、キャリアアップや昇進等の条件とするために全社員に提供されるべき。
・デザインマネジメントスキルの育成は、組織に革新的な視座を持つことを促し、最先端の思考・技術の獲得およびその活用によって、経営者および社員におけるデザインリーダーシップの発揮を促進する。
・デザインマネジメントスキルの育成によって、異なる部署間の協働や、ジョブローテーションが円滑に促進される。
・デザインを通じた組織の取り組みや成果には、プロフェッショナリズムへの誇りが感じられる。

・このプログラムのために特別に割り当てられた予算が、組織や部署の予算計画の中に組まれている。
・このプログラムを受けるためのインセンティブとして、休暇や経済的支援がある。
・デザインマネジメントスキルの育成は、顧客や他組織との戦略的なパートナーシップを支える重要な「接着剤」となる。

（Topalian 2002）

このリストには、デザインマネジメントスキルを得るための研修は「社員全員に対して提供されるべき」というトパリアンの主張が強く滲んでいるように感じられます。

一方で、「ジョブローテーションが円滑に促進される」のと「プロフェッショナリズムへの誇りが感じられる」ということには、一見矛盾を感じるかもしれません。でもそうではありません。それは、「専門領域を持たないことがデザインの専門性である」（向井 2009）という言葉を踏まえれば納得できるでしょう。トパリアンがここで「接着剤」とも表現しているように、異なる領域を円滑につなぎ成果を得ることにプロフェッショナリズムを見出すことが、デザインマネジメントスキルの大きな特徴なのだと思います。

このトパリアンの２００２年の論文での大きな主張と示唆は、「全社員」に向けデザインマネジメントスキル研修を実施し、デザインリーダーシップを醸成することの提案だったと言えるでしょう。この前に取り上げた１９９０年の論文は、ビジネスにおけるデザインリーダーシップについて「外部取締役・企業／組織デザインのコンサルタント」の役割について整理したものでした。さらに最初に取り上げた1984年の論文は、「デザインリーダーシップに関する取締役会の役割」を検討したものでした。この三本の論文におけるデザインリーダーシップの対象の変遷は以下のように整理できます。

「取締役会」→「外部取締役・企業／組織デザインのコンサルタント」→「全社員」

ここに、トパリアンにおけるデザインリーダーシップの検討視野が、マネジメント（経営）の中枢から、だんだんと企業で働く者全員に広がっていく様子が捉えられるでしょう。言い換えればトパリアンはこの三本の論文において、時間的には三十年をかけて、デザインリーダーシップは「企業の誰も」に役立ち、「企業の誰も」が発揮するものであるという主張に至ったことになります。

4-1-3　デザインリーダーシップ研究の課題

これまで見てきたトパリアンの成果を経て、2000年代に入るとデザインリーダーシップに関する多くの研究が進展していきます。特にその端緒となったのは、2002年7月にロンドンで開催された「デザインリーダーシップ・フォーラム」でのレイモンド・ターナー（Raymond Turner：デザイナー／デザインコンサルタント）による報告において、デザインマネジメントとデザインリーダーシップの主要な役割が区別されたことでした（表4-1）。このフォーラムの主催者がトパリアンで、

表4－1　デザインマネジメントとデザインリーダーシップの役割の比較（Turner and Topalian, 2002 より筆者作成）

デザインマネジメントの役割	デザインリーダーシップの役割
1. デザインに関わる人々の管理 2. デザインに関わる予算の管理 3. デザイン進行に関わる時間管理 4. デザインプロセスの進行管理 5. デザインプロセスの十全な進行に関わる組織体制やリソースの管理	1. 将来像を描き出す 2. 戦略的構想を明確にする 3. デザインに対する投資を主導する 4. 組織の体外的な評価をマネジメントする 5. イノベーションを育む環境をつくりだす 6. デザインリーダーシップを育成する

実際に報告書はターナーとトパリアンの連名で出されています（Turner and Topalian 2002）。

このターナーとトパリアンの報告は、以降のこの領域におけるほとんどの研究から参照されるものとなっています。トパリアンやターナー自身のデザインおよびコンサルタントの実務経験から導かれたこれらの知見は、確かにデザイン産業界に対する貢献は大きいものです。企業においてデザインやデザイン・プロジェクトの実務に携わる身から考えると、デザインリーダーシップによってデザインの考え方が組織の新たな方向性を導く可能性は、日々実感できることでしょう。

一方で、マネジメント側から考えたときにはどうでしょうか？　私たちがここまで見てきたトパリアンの研究が行き着いた「デザインリーダーシップは『企業の誰も』に役立ち、『企業の誰も』が発揮するものである」という主張は、経営層にそのまま素直に受け止められるでしょうか？　組織に新たな方向性を導く可能性があるのは、何もデザインの考え方だけに限らないはずです。デザインリーダーシップ以外にもたくさんのリーダーシップ論があり、経営層から見たときにはその選別に悩むところでしょう。

「デザインリーダーシップは『企業の誰も』に役立ち、『企業の誰も』が発揮するものである」という着眼点は、確かにデザイン産業界から見たときには刮目に値するものですが、経営学で議論されているリーダーシップ論においては、リーダーシップが特定の役職や権限に依存せず組織の誰もが発揮するものという理解がすでに一般的なものになっています。

私たちはここにデザインリーダーシップ研究の大きな課題があると思っています。トパリアンやターナーの一連の考察では、デザインリーダーシップとして述べられる範疇とその他のリーダーシップ論における種々の概念[1]との差異が明らかにされていません。つまり、経営層に対してデザインリーダーシップが他のリーダーシップ論に対して優位である点をよく示すことができていない、ということです。

たとえば、ターナーとトパリアンが示したデザインマネジメントとデザインリーダーシップの主要な役割の比較（表4-1）は、一般的なマネジメントとリーダーシップの役割との比較内容とどのように異なるのでしょうか？

マネジメントとリーダーシップの役割の違いを検討したものに、ジョン・コッター（John Kotter）の論考があります（Kotter 1990; 訳書 2011）。コッターは、そこで「複雑な状況にうまく対処するのがマネジメントの役割」であり、「リーダーシップの役割は変化に対処することである」と述べています。さらに、マネジメントとリーダーシップが担う役割の具体的な内容について、「計画と予算の策定」と「方向性の設定」、「組織編成と人員配置」と「人心の統合」、「統制と問題解決」と「動機づ

表4-2　マネジメントとリーダーシップの役割の比較（Kotter 1990; 訳書 2011 より筆者作成）

マネジメント	リーダーシップ
・計画と予算の策定 将来（一般には、翌月や翌年）の目標を定め、その達成に向けて具体的な手順を決め、各計画を実行するための資源を配分する。	**・方向性の設定** 将来（通常はかなり遠い未来）ビジョンと、その実現に必要な変革を起こすための戦略をまず立案する。
・組織編成と人員配置 立案した計画を達成できる能力を開発するために、組織づくりと人員配置を行う。計画達成に必要な組織構造と一連の各業務を創設し、そこに適切な人材を配置し、計画の内容を伝え、実行の責任を負わせて、実行状況をモニターする仕組みをつくる。	**・人心の統合** メンバーたちがビジョンを理解し、その実現に向けて努力を傾け、全員が一丸となれるように、新たな方向性を伝える。
・統制と問題解決 報告書やミーティングといった方法によって、公式および非公式に計画と実績を詳細にモニターし、そのギャップを突き止めて、問題解決の計画を立て、準備する。	**・動機づけ** ビジョンを達成するために、動機づけ、鼓舞する人間の欲求や価値観、感性など、根源的だがあまり表面に浮かび上がってこない要素に訴えかけることで、変革を阻む大きな障害があろうと・皆を正しい方向へ導き続ける。

け」というように三対の観点から論じています（表4-2）。

ここで、コッターの「マネジメントとリーダーシップの役割の比較（表4-2）」と、ターナーとトパリアンの「デザインマネジメントとデザインリーダーシップの役割の比較（表4-1）」の内容を比べてみましょう（八重樫 2021）。

まず、マネジメント（コッター）とデザインマネジメント（ターナーとトパリアン）では、「デザインに関わる」という限定表現を除けば、ほぼ同等の内容であることがわかります。つまり、ターナーとトパリアンには、デザインマネジメントにおいて特別に与えられた役割や新たな意味は見出されず、コッターが指摘するマネジメントと同様の行為について、単にデザイン組織や業務という文脈において遂行されることに言及しているにすぎないことが伺えます。

同じく、リーダーシップ（コッター）とデザインリーダーシップ（ターナーとトパリアン）を見比べてみましょう。まずコッターの「方向性の設定」は、ターナーとトパリアンの「将来像を描き出す」「戦略的構想を明確にする」に対応していることが読み取れます。また、コッターの「人心の統合」を、デザイン組織や業務に特化した文脈で捉えれば、ターナーとトパリアンの「デザインに対する投資を主導する」に対応させることができます。この解釈は、コッターが以下のように述べていることからも補強されるでしょう。

> ビジョンを描くうえで重要なのは、独自性ではなく、顧客や株主、社員など、重要なステークホルダー（利害関係者）の利益にどれくらい資するのか、そしてそこから地に足のついた競争戦略をどれくらいスムーズに導き出せるかの二点である。（Kotter 1990; 訳書 2011: p. 56. 傍線は筆者）

さらに、コッターの「動機づけ」は、ターナーとトパリアンの「イノベーションを育む環境をつくり出す」に対応させられます。これは前述のように、コッターがリーダーシップの役割について「変化に対処すること」と述べていることからも明確であるものと考えます。

そうすると、ターナーとトパリアンの「組織の体外的な評価をマネジメントする」と「デザインリーダーシップを育成する」の二つが、コッターの表4-2の要素に対応せず残ることになります。しかし、これに関してはコッターにおける以下の二つの記述から、その対応関係を見つけることができます。

> 人々をまとめるには、組織化する場合よりも、たくさんの人たちと会話する必要がある。しかもその相手は、部下だけでなく、上司や同僚、他部門のスタッフ、サプライヤー、役人、そして顧客にまで及ぶ。ビジョンや戦略の実行に力を貸してくれる人、あるいはその妨げとなる人も、すべてその対象となる。（Kotter 1990; 訳書 2011: p. 57. 傍線は筆者）

> リーダーは、組織メンバー一人ひとりがリーダーシップを発揮するように動機づけられなければならない。これが奏功すれば、組織全体に『リーダーシップの再生産』が起こり、あらゆる階層でさまざまなリーダーシップを担う人たちが登場する。（Kotter 1990; 訳書 2011: p. 57. 傍線は筆者）

ここまでの検討によると、ターナーとトパリアンのデザインリーダーシップにおいても、デザインマネジメントと同様に、そこに特別に与えられた役割や新たな意味は見出されません。コッターが指摘するリーダーシップと同様の行為について、デザイン組織や業務という文脈において遂行される文脈で言及されているものにすぎないことになります。

ここまでにわかったことを図式で表すと、以下のようになります。

［デザインマネジメント（ターナーとトパリアン）］－［マネジメント（コッター）］
＝［デザインリーダーシップ（ターナーとトパリアン）］－［リーダーシップ（コッター）］
＝［デザイン組織や業務の文脈］

つまり、「デザインマネジメント（ターナーとトパリアンの主張）」から「マネジメント（コッターの主張）」を引いたときの差分には、「デザイン組織や業務の文脈」ということしか残らず、同じく「デザインリーダーシップ（ターナーとトパリアンの主張）」から「リーダーシップ（コッターの主張）」を引いたときの差分にも、「デザイン組織や業務の文脈」ということしか残らない、ということです。

これは先に指摘したような、トパリアンやターナーに代表される現在のデザインリーダーシップ研究において、他のリーダーシップ論に対して優位である点をよく示せていないことの裏付けの一つとなるでしょう。よって、以下の図式を成り立たせるような研究の必要性がここで改めて課題として提起できます。

［デザインリーダーシップ］－［リーダーシップ］＝［デザインリーダーシップに特有の知見］

4-2 デザイン・ケイパビリティ

4-2-1 デザインリーダーシップにおける意味論的転回

ではこれから私たちは、この「デザインリーダーシップに特有の知見」をどのように見つけていけばよいでしょうか？　もちろん素直に考えれば、デザイン産業界におけるリーダーシップとその他のリーダーシップ論との比較によってその差異を明確にすることにおいて、それが立ち表れてくるものと考えることができるでしょう。

でもそれでは、デザイン業務に関わるリーダーがすでに「達成した成果」を中心に見ることになります。ここに矛盾が起こります。私たちが探求したいのは、「デザインの考え方によって組織を新たな方向に導く」ための思考・態度としての「デザインリーダーシップ」であったはずです。デザイン業務に関わるリーダーが発揮している能力を明らかにしようと思っていたわけではありません。

つまり、組織を新たな方向に導くためのデザインの考え方とは、デザイン業務に関わるリーダー（および、デザイン業務を遂行している人たち）がすでに持ち、使いこなしている能力に限らないのではないでしょうか。「デザインリーダーシップ」はデザイン産業界にあらかじめ存在しているものではないかもしれない、という問いかけです。

だから、私たちは「デザインリーダーシップに特有の知見」をデザイン産業界に限らず、新たなリーダーシップを生み出そうとする主体的な行為や態度が発生しているさまざま場や状況において、見出そうとする姿勢が必要なのではないでしょうか？

先に見たようにクリッペンドルフは、技術中心のデザイン観から、人々の間で形成される「意味」をもとにした人間中心のデザイン観への転回を提唱しました。ここで私たちもクリッペンドルフに倣い、デザインリーダーシップを「デザイン領域におけるリーダーシップ」から「リーダーシップをデザインする動態」として捉え直す意味の転回をしていきたい、と考えます。

4-2-2　マンズィーニのデザイン・ケイパビリティ

このデザインリーダーシップにおける意味論的転回において私たちは、デザイン領域に限定されない人々のデザイン行為やその能力について検討していかなければならなくなりました。そこで有用な知見が、ミラノ工科大学で長らくソーシャル・イノベーション研究に従事してきたエツィオ・マンズィーニの唱える「デザイン・ケイパビリティ（design capability）」です（Manzini 2015, 2019）。

デザイン・ケイパビリティを先に定義しておくと、専門職としてのデザイナーが有するデザイン能力に限定されず、非デザイナー[2]を含む「誰も」が「一般的に」有する能力のことであり、従来のデザインに紐付けられていなかった知識や経験をデザインに接続することで、デザインの領域を新たに開拓する可能性を持った能力観のことを示します。

マンズィーニは、このデザイン・ケイパビリティという観点からソーシャル・イノベーションの文脈において、非デザイナーが関わるデザイン活動について論じています。たとえば、マンズィーニは以下のように述べています。

誰もが走ることができる。しかし、皆がマラソン競技に参加するわけではないし、ほとんどはプロのアスリートにならない。また、誰もがタンバリンを打ってリズムを刻むことができる。でも、みんながバンドで演奏するわけではない。プロの演奏家として生計を立てられるのはほんの少しだ。同様に、誰もにデザインする能力が授けられているが、誰もが有能なデザイナーというわけではない。プロのデザイナーになるのはそのうちわずかだ。（Manzini 2015: p. 37）

マンズィーニのこの考え方は、厚生経済学でアマルティア・セン（１９９８年にノーベル経済学賞を受賞しています）が唱えた「ケイパビリティ・アプローチ」から大きなヒントを得ています。センは、「人間が幸福で豊かであること（Well-being）とはどういうことか」を追究し、以下のように述べています。

個人の福祉は、その人の置かれている常態の性質すなわち「達成された機能」に完全に依存されていると考えがちである。「十分に栄養が得られているか」「健康状態にあるか」などといった点は、個人の生活の良さによっては本質的に重要なものである。しかし、「達成された機能」ではなく、潜在能力がどのように福祉に結びついているかという点は、本当はよく考えてみなければならない。(Sen 1992; 訳書 2018: p. 68)

センは、この潜在能力(ケイパビリティ)を、「人が行うことのできるさまざまな機能の組み合わせ」と捉えています。ここでの「機能」とは、「ある状態になったり、何かをすること」で、たとえば、幸福で豊かであるために重要な機能は、以下のようなものだと説明しています。

「適切な栄養を得ているか」「健康状態にあるか」「避けられる病気にかかっていないか」「早死にしていないか」などといった基本的なものから、「幸福であるか」「自尊心を持っているか」「社会生活に参加しているか」などといった複雑なものまで多岐にわたる。(Sen 1992; 訳書 2018: p. 67)

センがここで主張しているのは、すなわち「人間が幸福で豊かである」とは、個人がどれくらいの所得や財産を得ているかという「達成された結果」ではなく、個人が何かを成し遂げることができる可能性、つまり選択肢の多さと、それらを選択する自由がいかに個人に保障されているか、であるということです。

たとえば、断食とは単に飢えることではなく、「他に選択肢があるときに飢えることを選択すること」であり、「その人が断食をしているのか、あるいは十分な食糧を得る手段がないだけなのか」が重要な関心事になる、とセンは指摘しています。

マンズィーニのこのデザイン・ケイパビリティの考え方によって、私たちは専門的なデザイナーに限定されない非デザイナーのデザイン行為や能力について議論・検討することが可能になりました。すでに見てきたとおり、これまでのデザインマネジメントおよびデザイン研究では、専門職としてのデザイナーに焦点が当てられ、企業組織におけるデザイナーに求められる役割、能力、業務実態などが多くの研究において検討されてきました。でも、非デザイナーを対象に、そのデザイン行為や能力を検討している研究はほとんどなかったのです。

そして、非デザイナーにおけるデザイン行為や能力を検討する際に、これまで私たちが暗黙に前提としてしまっていたのは、専門職としてのデザイナーがデザイン能力を高く有しており、そのデザイン能力の内容を検討すれば、その中から非デザイナーが有すべきデザイン能力が見つかるだろう、という見方ではなかったでしょうか？

たとえば、IDEO・d. school が提起した「デザイン思考」は、非デザイナーがビジネスのさまざまな場面で、専門職としてのデザイナーのごとく考えることを基底に考案された方法論であると言えるでしょう（Brown 2008）。また、マネジメントとは異なるデザインの志向や態度を明らかにしようとする「デザイン態度」に関する私たちの研究も、専門職としてのデザイナーに向けたインタビューをもとに検討されたものです（安藤 2018; Boland 2008 2011; Boland and Collopy 2004; Michlewski 2008 2015）。でも、これらの見方は人々のデザイン能力を捉える一つの側面にすぎません。

だからここで、非デザイナーにおけるデザイン行為や能力を考えるとき、デザイン理論研究の礎とされるハーバート・サイモンが「現在の状態をより好ましいものに変えるべく行為の道筋を考案するものは、誰でもデザイン活動をしている」(Simon 1969: 訳書 1999: p. 133) と指摘しているように、またさらに古くはモホイ=ナジ・ラースローが「デザインそしてデザイナーという職業についての考えは、専門家の機能という考え方から、一般的に有効な創意工夫に富んだ態度との考えへと変わらなければならない」(Moholy-Nagy 1947: 訳書 2019: p. 42) と述べているように、専門職としてのデザイナーが有するデザイン能力が議論の前提として先 (アプリオリ) にあるのではなく、非デザイナーを含む「誰も」が「一般的に」有している能力として捉えるような思考の転回が必要とされていたのでした。それに答えたのが、マンズィーニのデザイン・ケイパビリティだったというわけです。

私たちは先に、デザインリーダーシップを「デザイン領域におけるリーダーシップ」から「リーダーシップをデザインする動態」として捉え直す意味の転回を提案しましたが、まだその態度を発揮する具体的な人物像や理論的基盤を持っていませんでした。

ここで、このデザイン・ケイパビリティの考え方を、私たちのデザインリーダーシップの意味論的転回に適用することで、デザインリーダーシップを発揮する人物像と能力観が明確になってきます。その人物像は、従来の企業組織における「製品デザインプロセスのマネジメント」に貢献する範疇で活動する有能な人材と捉える狭い解釈を拡張して、企業組織においてデザインの新たな価値を創り出し、リーダーシップを発揮してその価値をマネジメントできる人材という解釈にまで拡げることができます。

能力観については、従来の専門的デザイナーの思考や行為の範疇にある狭い能力を従順に学ぶことに収まらず、自分自身のそれまでの多様な経験や固有の知見を従来のデザイン行為に新たに付与し、デザインの領域自体を拡げる可能性を開拓していくような、新たなデザイン概念の構築に社会を方向づける統合能力、と考えることができるのではないでしょうか。

そして、この人物像や能力観の実践と実現に求められているプロセスは、まさに私たちがこれまでに検討してきた意味のイノベーション・プロセスそのものなのです。

ここまで、ものごとに意味を与えるデザインの捉え方から、組織に新たな方向性をもたらすデザインの捉え方までの理論的な枠組みについて検討してきました。今私たちは、デザインマネジメント論が包含する二つのコンセプトである「製品デザインプロセスのマネジメント」と「デザインの考え方を用いた組織のマネジメント」の関係を再整理し、より後者に比重を置いた理論体系として再構築しようとしています。そこで目指しているのは、単なる一組織のマネジメントを超えて、社会を新たな方向に導くための新たなデザイン論の構築であり、これが私たち研究チームのビジョンです。ビジョンの重要性と、そこから新たな社会の意味を創り出していくプロセスはすでに見てきたとおりですね。

【注】

［1］ たとえば、中村（2010）は、経営学の視野から捉えられたリーダーシップ研究について次の三つの類型にまとめている。

1 リーダーシップ資質論（リーダーシップの発揮に必要な個人的資質や能力を検討する研究）

2 リーダーシップ行動論（リーダーシップを発揮する際にリーダーが行う行動に焦点を当てた研究群：マネジリアル・グリッド論、ＰＭ理論、リーダーシップの条件適合論、状況的リーダーシップ論（ＳＬ理論）など）

3 新しいリーダーシップ論（ＬＭＸ理論、経路目標理論、リーダーシップの帰属理論、変革型リーダーシップ論

など）

また、石井（2004）では、政治学の視野から捉えられたリーダーシップ研究に共通の傾向として、資質論に重点を置いていることが挙げられている。その理由として以下のように述べられている。

> 企業組織をはじめとする民間の社会組織のリーダーシップと国家のような公的な社会組織のリーダーシップを比較した場合に、後者は前者よりもその権力体系が制度的に公式なものであるがゆえに、当該リーダーシップの人間的な資質や特性が政策のいかんに反映される傾向が高いと考えられる。（石井 2004: p. 45）

さらに、石井（2004）は政治的リーダーシップを以下の三類型に整理している。

1 創造的リーダーシップ（国家の指導者として非常に意欲的に活動し、かつ強力な指導性と強制性を持ちつつ独裁的なリーダーシップを発揮するタイプ）

2 管理的リーダーシップ（より下位の意思決定については多分に民主的な過程を取り入れながら、同時に、人事などの重要事項や組織戦略面の最終的な決定についてはむしろ絶対的な権力を行使するタイプ）

3 象徴的リーダーシップ（国家の実務的な指導者というよりもむしろ対外的シンボルや広告塔としての役割に重きが置かれているタイプ）

[2] 専門職（Professional/Expert）としてのデザイナー以外の人々のことを表す。

第3部

デザインマネジメント論の新たな方向性

5章 属人性のマネジメント

5-1　属人性とデザインマネジメント論

5-1-1　二つのデザインを結ぶ

第2部では、自分のビジョンから始める製品開発プロセスについて紹介しました。このプロセスでは、新たなビジョンを提起するために、自分が〝他者と違う〟ことを前提としています。近年は、自分の審美性や倫理性に基づく思考方法が注目されるなど、日本でも少しずつ他者と違う自分が意識されはじめています。

このような流れは、前章で述べたように「組織や社会を新たな方向に導くためのデザイン」が向かうべき方向性だと考えられます。その目的は、まさに「ものごとに意味を与える行為としてのデザイ

デザインマネジメント

組織や社会を新たな方向に導くためのデザイン

↓

ものごとに意味を与える行為としてのデザイン

図5-1　デザインマネジメント

ン」を実践するためです。つまり、第2部で述べた二つのデザインは、実践の場では統合的に捉えなければなりません。そして、このような実践を組織で行うためのマネジメント手法を本書ではデザインマネジメントと定義します。それゆえに、デザインマネジメントはもはや専門職としてのデザイナーを組織の中で有効活用するという話ではありません。

さて、デザインマネジメントの最初の課題としては、組織や社会を新たな方向に導ける〝他者と違う人々〟を組織の中に確保することになります。このような人々は、デザイン・ケイパビリティを持ち、自分の審美性や価値観に基づいてビジョンを描き、アイデアを発想することができる人です。さらに、その人々がちゃんと組織内で「内から外へ」の意味生成プロセスを実施できるマネジメント体制の確保が必要です。

これに対しては、筆者は多くの方々からこのような質問をいただいてきました。「そんな属人的なプロセスだと、誰かがプロセスから抜けると再現できなくなるではないか！　そんなものはマネジメントではない！」と。確かに、たとえば伝統的な製造業のように機能と品質を重視し、常に同じ物を作り続けることが求められるような現場のマネジメントでは、属人性は敵対視すべきものでしょう。ところが、デザインマネジメントを組織で実施するためには、この属人性こそが重要になります。大きく言うなれば、属人性を組織で確保し、活用することこそデザインマネジメントの真髄なのです。

5-1-2　デザイナーの組織における役割

前章の最後にデザインの研究がデザイナーを中心に置いて実践されてきたことを批判的に紹介しました。本章では、これを「人は誰でもデザイナーである」（Papanek 1971）というパパネックの言葉を、そしてマンズィーニのデザイン・ケイパビリティ（Manzini 2015）を「誰も」が「一般的に」有するということを前提に、非デザイナーにデザインを開くわけですが、やはりデザインをプロフェッショナルとして実施してきたのはデザイナーですので、まずはデザイナーの実践に学ぶことから始めてみます。

今までずっとデザインの実践者であったデザイナーが組織の中でどのような役割を担ってきたのでしょうか。パデュー大学のアダムスらの調査によると、デザイナーの実践は表5-1のように6つのカテゴリーに分類することができます（Adams et al. 2011）。

カテゴリー1および2に関しては、デザイナー自身のアイデアが入り込む余地はなく、クライアントの情報の整理が主な役割となります。この場合のクライアントとは、デザイン事務所に所属するデザイナーからすると発注元であり、企業に所属するインハウスデザイナーからすると自社の開発部門となります。近年はデザイナーがワークショップを開催し、ファシリテーションを行いながら、クライアントのアイデアを創造させるということが増えていますが、このような仕事もこのカテゴリーにあたります。このような場合、デザイナーの属人性は不要で、エビデンスとしてすでに組織内に存在

表5-1　デザイナーの役割（Adams et al. 2011より筆者作成）

カテゴリー	概要
カテゴリー1： Evidence-based decision-making	エビデンスをもとに，目前の問題に対して最適なソリューションを発見するための意思決定を行う。このカテゴリーで重視されるのは論理性やエビデンス，合理性であり，不確実性は排除されるべきものとして見なされる。
カテゴリー2： Organized translation	アイデア出しから始め，最終的に現実的に機能するソリューションとして落とし込む。カテゴリー1に対して，流動的なアプローチを取ることに特徴がある。トライアンドエラーの反復的なプロセスにより，様々なピースのバランスを取りながら，一つのソリューションにまとめ上げていく。それゆえに，不確実性は仕方がないものとして捉えられる。
カテゴリー3： Personal synthesis	デザイナー，またはデザインチームの個人的なレンズを通して資源（過去のデザイン・アウトプットや他人のアイデア）を統合し，新たなモノを開発する。カテゴリー2に対して，デザインの人間的要素が強調される点に特徴がある。不確実性はデザイナーにとって当たり前のものとして捉えられる。
カテゴリー4： Intentional progression	将来を見据えた長期間のコンテクストの中で進化のための可能性を探る。目前のソリューションを求めるカテゴリー3までに対して，未来を見据えた上で，現在取り得る有効なソリューションの創造をゴールとすることに特徴がある。それゆえに，不確実性は価値を生む源泉として捉えられる。
カテゴリー5： Directed creative exploration	戦略的に未来の価値を探索する。カテゴリー4に対して，新たな方向性を発見するために柔軟性を持ったオープンなプロセスが特徴である。それゆえに，不確実性は新たな道を切り開くための探索的空間として捉えられる。このカテゴリーまでは取り組むべき問題の方向性は明らかである。
カテゴリー6： Freedom	デザイナーに自由を与える。このカテゴリーでは取り組むべき問題自身が不確実であるため，自由を与えられたデザイナーの設定する境界次第で問題の意味が変化し，この新たな意味の創出こそがアウトプットである。カテゴリー5までに対して，問題自身の意味を問うところに特徴があり，不確実性や制約はセンスメーキングのきっかけである。

するさまざまな情報を整理し、統合し、美しく表現するという役割を担います。

カテゴリー3以降では、デザイナーが自身のアイデアを製品やサービス開発に取り入れることが可能となります。ここでは1章で説明したように、デザイナーがキャリアの中で蓄積したガイディング・プリンシプルと呼ばれる属人的な要素が入り込みます（Lawson 2006）。カテゴリー3、4および5とカテゴリー6の間には大きな違いがあります。その違いとは、取り組むべき問題自身に対して、デザイナーの属人的な意思が入り込む余地があるかどうかです。つまり、カテゴリー6では、デザイナーが「そもそも解決すべき問題は何なのか？」という点を考える必要があり、自身の価値観やゴールがより強く影響します。

しかし、繰り返し強調すべき点として、このようなデザイナーの属人的な要素は単なる思いつきではありません。デザイナーがキャリアの中で蓄積してきた社会や文化、技術に関する知識に基づきます。つまり、カテゴリーが上がるほどこのような知識が重要であり、逆説的に言うと、このような知識を持たない人には、高次のカテゴリーのデザインはできないということを意味しています。

さて、デザイナーの属人的なプロセスについて触れましたが、そのようなプロセスでもすべてデザイナーが一人で決めるものではありません。このプロセスは主に二つの段階に分けられます。最初の段階は、チームでの議論を活発化させるために、ガイディング・プリンシプルを使って、自身から最初の一手を打ちます（Lawson 2006）。デザイナーはこのような最初のアイデアを白紙の状態から創造するのではなく、自身の経験から得られた知識を活用します（Darke 1989; Rowe 1987; Lawson 2006）。次の段階として、この最初のアイデアのプロトタイプを使って、クライアントと対話をし、新たなアイデアとしてリフレーミングしていくのです（Paton and Dorst 2011）。デザイナーが初期のアイデア創出に活用する知識は、始まりと終わりのないデザインの経験の中でアップデートされ続けるものです（McDonnell 2011）。後藤・八重樫（2018）は、社会学者のギデンズの構造化理論（Giddens 1984）を用いて、デザインシンキングを「デザイナーが（社会）構造から影響を受けて意味解釈を行い、さらにその構造を再生産する思考方法または態度」（八重樫ほか 2019: p. 123）として捉えています。このようなデザイナーの実践は、ツールやスキル（knowing）を身につければ実践（acting）が可能となるわけではなく、社会との関連の中で、「自分はいったい何者なのか？」というデザイナー自身の属人的な存在（being）が問われるのです（Adams et al. 2011）。

5-1-3　存在と認識

さて、属人性とは何でしょうか。ここで、デザインにおける being・knowing・acting について整理しておきましょう。being とは自分自身の存在自体を議論することを意味します。knowing はあるものやことの認識を意味しています。acting は knowing の結果として生み出される行動を指しています。この三者の関係がデザインマネジメントを組織で実践するうえでの属人性を理解するヒントとなります。

ここで、義務教育で学習したことを思い出してください。多くの人は、義務教育を受けている過程で、「自分自身はいったい何者なのか？」という being（存在）を考える機会が決して多くなかったのではないでしょうか。なぜ、being（存在）を考えることが重要かというと、自分が何者かによって学習する知識の意味が変わってくるからです。

たとえば、大学生はbeing（存在）を考える機会が頻繁にあります。将来、どんな人になりたいのか？」ということがbeing（存在）の方向性として常に問われます。そして、そのbeing（存在）の状態次第で大学の授業の意味は大きく変わります。起業を目指す学生にとっては、経営学の授業は自らの起業を直接的に支える授業になりますし、理工系の技術に関する授業も今後の技術動向を知ることができます。

その一方で、まだ自分の将来の方向性が定まらない状態では、大学の授業は多様すぎて、何を意味しているのかがわからなくなります。そのため、大学では同じ授業でも学生のbeing（存在）によってその授業が提供する知識の意味、つまりknowing（認識）が大きく変わります。そして、最終的にはその授業で得た知識を使ったacting（行動）には大きな差異が見られることになります。一方で義務教育を考えてみると、教科書から学ぶことは誰にとっても同じ知識であると考えられがちです。同じ教科書を読み、同じ知識を取得し、結果同じ行動を実践するという見方は、being（存在）とknowing（認識）／acting（行動）が分離した状態です。

教育学研究者であるダッラルバは、論文"Learning professional ways of being"（「存在のプロフェッショナルなあり方を学ぶ」）で、プロフェッショナルになるということを以下のように表現しています（Dall'Alba 2009: p. 34）。

プロフェッショナルになるためには、われわれは何を知っているか、何をできるかのみならず、いったい何者なのかということまで学習しなければならない。（筆者訳）

プロフェッショナルになるためには、常に自らが未完成であると認識し、外に開き続け、being（存在）のレベルでアップデートし続けなければならないのです（Adams et al. 2011; McDonnell 2011）。逆に言うと、デザインマネジメントを組織で実践するためには、組織に所属する人々が常にbeing（存在）のレベルでアップデートできるような組織にしなければなりません。

これを義務教育で考えてみると、その困難さがすぐに理解できます。生徒一人ひとりに「何をするために勉強する存在なのか？」と問いかけて、そのbeing（存在）次第で教科書に書かれている知識の意味（knowing）が変化すること、さらにその知識の結果として行動に移すこと（acting）を許容します。つまり、being（存在）をプロセスに含めると、生徒一人ひとりにとって完全に属人的な学習成果を得るプロセスとなります。それでは、このようなbeing（存在）を日本の、特に属人性を嫌ってきた製造業がどのように扱ってきたかを、次節から組織アイデンティフィケーション理論を用いて説明していきましょう。

組織アイデンティフィケーション理論を説明する前に、その基礎となった社会的アイデンティティ理論を紹介します。これは、タジフェルとターナーによって構築された理論で、人々がさまざまな社会的なカテゴリーに自分自身を一体化させる心理状態を説明する理論です（Tajfel 1978, 1981; Turner 1975, 1982, 1984, 1985）。

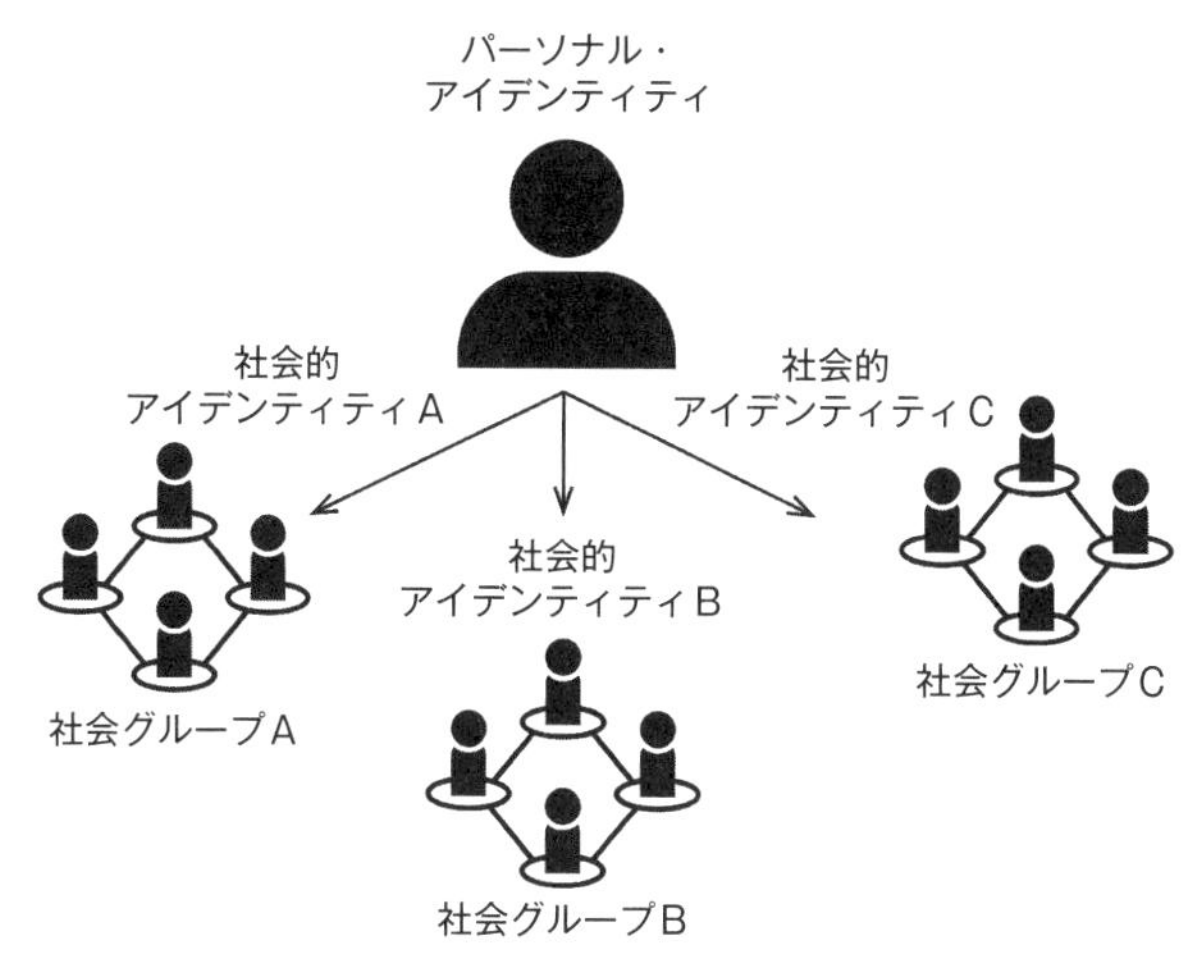

図5-2　社会的アイデンティティ

たとえば、企業に勤めている人は初めて出会う人に対して「××会社の○○です」と名刺とともに自己紹介をします。その一方で、会社を出て家族と一緒にいるときの自分は全く違う自分になるでしょう。さらに、友達と一緒にいるときはまた違った自分がいます。このように、人は唯一であるパーソナル・アイデンティティとは別に、アイデンティフィケーション（同化）しているコミュニティごとに異なったアイデンティティを持ちます。そのような複数あるアイデンティティを社会的アイデンティティと呼びます（図5-2）。本書では深く紹介しませんが、社会心理学の領域で体系化され、さまざまな分野に応用された理論です。

組織アイデンティフィケーション理論とは、社会的アイデンティフィケーション理論の応用の一つで、経営学の領域で議論される理論体系です。組織アイデンティフィケーション研究の大家であるアッシュフォースらによると、組織アイデンティフィケーシ

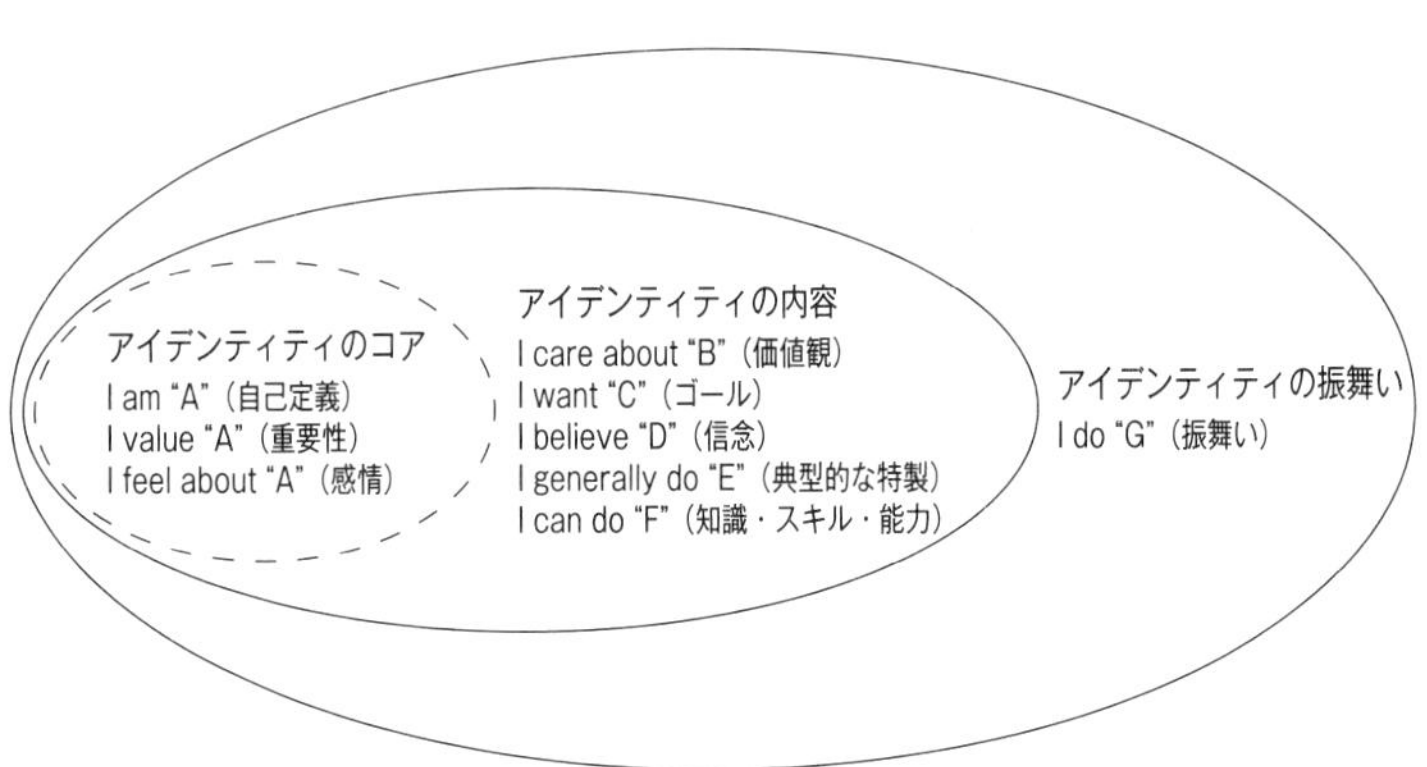

図5－3　組織アイデンティフィケーションの定義（Ashforth Harrison and Corley 2008より、著者翻訳）

ョンはかなり幅広いかたちで定義されています（Ashforth et al. 2008）。最も狭い定義では、個人が組織のメンバーの一人であると認知していることやそのメンバーであることに価値を感じていることと定義されます。それより幅広い定義では、組織の価値観やゴールを個人のものと一致させていることや組織の特徴を共有していることなど、単に自分が組織の一員として認知しているだけではなく、組織の価値の内面化の側面も含まれます（図5-3）。

この両者の違いについては次のような例が理解しやすいでしょう。たとえば、ある組織に所属している人が、普段仕事のうえでは「××会社の〇〇です」と他人に自己紹介するものの、その組織の価値観やゴールに対しては全く共感できず、組織を嫌っていることはあり得るでしょう。そのような場合は、最も狭い定義上では、組織へアイデンティフィケーションしていますが、価値の内面化の側面では組織へのアイデンティフィケーションは決して強くありません。

このように自分自身を組織の一員として認知しているこ

と、その価値観やゴールを内面化できているかどうかは別問題として考える必要があります（Ashforth and Mael 1989）。つまり、最も狭い定義では組織の一員として認知しているかだけが問われ、より幅広い定義では組織の一員であると認知しているうえに、その組織の価値観やゴールまでも内面化していることが問われます。このように、人々は企業組織や家族、友人など複数のコミュニティの価値観やゴールを強弱はありますが同時に内面化していると言えます。

最後に、最も幅広い定義では、前述の組織の価値観やゴールの内面化に加え、さらに振る舞いまでも含めます。組織の価値観やゴールを内面化した人々の振る舞いは、結果的にその価値観やゴールが反映されたものになると考えることができます。たとえば、友人たちのコミュニティに属しているときと家族のコミュニティに属しているときの自分の振る舞いは、話し方も含め違うという人のほうが多いのではないでしょうか。そういった意味で、振る舞いまでも組織アイデンティフィケーションの定義の中に含むと見なす場合があります。先ほどの、組織にアイデンティフィケーションしていますが、価値を内面化しないという例の場合、結果として業務のパフォーマンスを上げるための振る舞いを怠る、さらには組織に批判的な振る舞いをとるということがあり得るでしょう。

これらを前述したbeing（存在）／knowing（認識）／acting（行動）のフレームワークで考えると、アイデンティティのコアがbeing（存在）であり、アイデンティティの内容がknowing（認識）、アイデンティティの振る舞いがacting（行動）に対応します。社会的アイデンティフィケーション理論に則ると、人々はbeing（存在）として組織内外で複数の社会的アイデンティティを同時に保有すること、その社会的アイデンティティにそれぞれユニークなknowing（認識）とacting（行動）が伴ということを意味します。

次に、日本企業の組織アイデンティフィケーションのある一面を、組織アイデンティフィケーションという概念を用いて説明します（Galvin et al. 2015; Avanzi et al. 2012）。オーバー・アイデンティフィケーションとは、組織内の個人が過度に組織に一体感を持ち、組織の価値観やゴールを強く内面化した結果、個人のアイデンティティが持つ価値観やゴールを組織内で消失してしまう状態を意味します。

イタリアのトレント大学の研究者であるアヴァンジらの研究によると、この状態に陥ると自分自身のウェル・ビーイングを追求しなくなり、組織の価値観やゴールを達成することが第一となり、ワーカホリックに陥ってしまうことが明らかになっています（Avanzi et al. 2012）。通常の中立的なアイデンティフィケーションの場合は、組織への一体感を感じ、組織の価値観やゴールを内面化したとしても、個人の組織外での価値観やゴールはそれぞれ別のものとして存在し、組織内でも自由にどちらも発揮できます（Kreiner and Ashforth 2004）。しかし、オーバー・アイデンティフィケーションに陥ると、個人の価値観やゴールとして組織の価値観やゴールを完全に一体化させてしまいます（Galvin et al. 2015）。

日本企業がモノづくり大国として君臨してきた時代から続く日本型マネジメントの強みは、組織文化が社員一人ひとりまで共有され、一枚岩となって組織を運営していくというものであったことが指摘されてきました（Deal and Kennedy 1982; Peters and Waterman 1982）。このようなマネジメントは、佐藤（2012: p. 158）が指摘するように、製品開発が「ベルトコンベアの半製品が、順にカタチを変えていくのが、手に取るようにわかる」ようなものづくり中心の時代には大きな効果を発揮したことは間違い無いでしょう。

この場合、価値は順にカタチを変えていく物理的なモノの中に存在するため、技術中心主義であり、人々の解釈が重視されることはありませんでした。つまり、機能や品質は普遍的かつ非属人的なものであり、どのようなコミュニティに所属するどのような人にとっても機能や品質がモノの価値であるとして捉えられていました。それゆえに、多くの日本企業にとって、一人ひとりの属人的な解釈をマネジメントのプロセスから排除し、組織全員が同じ解釈をする一枚岩の集団としてマネジメントするほうが効率的であったのです。

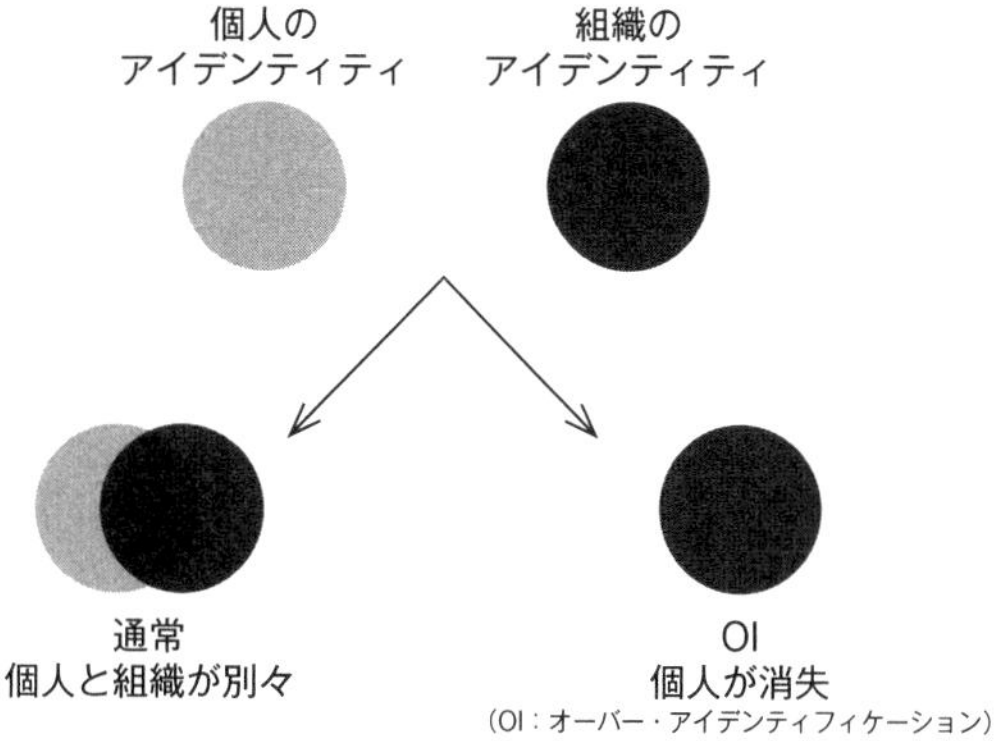

この過程では、一人ひとりの being（存在）は問われません。なぜなら、組織の being と完全に一体化するからです。being（存在）から分離された knowing（技術という普遍的な知識）の意味は組織内で完全に固定化されます。そして、その固定化された知識の意味によってあらゆる acting（行動）が規定されるのです。

このような日本企業に見られる属人性を排除したマネジメントはオーバー・アイデンティフィケーションをうまく利用したものであると捉えることができるでしょう。つまり、組

個人の
アイデンティティ

組織の
アイデンティティ

通常
個人と組織が別々

OI
個人が消失
（OI：オーバー・アイデンティフィケーション）

図5−4　オーバー・アイデンティフィケーション

織の価値観やゴールを完全に個人のものとすることで、一人ひとりのbeing（存在）を問うことなく、技術や品質という知識の普遍性を過度に共有し、一枚岩で組織を運営してきました。モノづくり全盛期にはこのマネジメントはポジティブに機能したことは間違いありません。なぜなら、モノづくりでは多様な視点からの解釈よりも、むしろ普遍的だと考えられている機能と品質を最も重視したためです。

品質重視の現場においては、「誰が抜けても」一定の品質を確保するために、属人性が排除されるようにマネジメントが行われてきました。つまり、多くの日本企業、特に製造業では、組織の価値観を普遍的なものとして位置づけ、それを一人ひとりに強く落とし込んできたのです。前章で、「エンジニアとマネジメント態度」について紹介しましたが、以下のような問題提起を行いました。

「エンジニアとマネジメント態度」、「ブリコルールとデザイン態度」というような組み合わせにおいて、それぞれ類似性・親和性が見出せるのではないかと考えます。エンジニアの「全体的な計画としての設計図に即し」「機能や用途が一義的に決められている『部品』を用いる」というところが、マネジメント態度の「既存の選択肢の中から合理的な選択を行う目的の下にある」と類似・親和していないでしょうか？

オーバー・アイデンティフィケーションは、組織で強く共有された一つの価値観やゴールに沿って合理的な選択を行うことであり、まさにマネジメント態度によるマネジメントだと言えるでしょう。

近年の日本企業では、このようなオーバー・アイデンティフィケーションによるネガティブな効果が顕著に表れています。その一つが品質検査の不正です。個人としては明らかにおかしいと気づいていることであっても、組織の一員としてそれが当たり前になって、いつしか疑うことすらなくなることで不正は起こります。個人が組織に過度にアイデンティフィケーションすることで組織の価値観やゴールを達成することが何より重要となるため、自分自身の価値観や倫理観では通常認められないことでも、組織の中ではそもそもその個人の価値観が消失しているため、不正を認めてしまうメカニズムです。

このようなマネジメントは、佐藤（2012）が指摘するような情報社会に求められるアイデアの創造を阻害します。組織として普遍的な機能や品質を組織的に一枚岩となって追求してきた従業員は、たとえ自由なアイデア発想を求められても、機能や品質といった組織で強く共有された価値観から逃れられないのです。実際に、このような状態でブレインストーミングを行っても、出てくるアイデアは既視感を感じる機能や品質に関するものばかりであり、オリジナリティのある革新的なアイデアはなかなか出ません。そして、革新的なアイデアが出ないので、ますますブレインストーミングでアイデア出しを行うことになります。その先に待っているものは何でしょうか。まさにアイデアの“Overcrowded”（ひどく混雑した状態）です（Verganti 2017）。

よって、組織の中の人々の属人性を考慮せず、ブレインストーミングを行い、ラピッド・プロトタイピングを行ったところで、それは本書で定義するデザインマネジメントには該当しません。ＩＤＥＯ社発のデザイン思考を単なるツールとして表面的に導入し、実践するような企業では今述べたことが実際に起こっているのではないでしょうか。本来のデザイン思考では、ユーザーの属人的な解釈を真に置き、プロセスを実施します。この点で、やはりＩＤＥＯ社発のデザイン思考も、当然ではありますが、属人性を積極的に活用したデザインマネジメントなのです。

5-1-4 ライフポリティクスと企業

ここで、社会学者のギデンズのモダニズム論（Giddens 1991）をベースに、現代社会において組織に属人性を担保しておくことがいかに重要なのかを考えていきたいと思います。現代がどのような時代か理解するために、少し昔のことを考えてみましょう。日本で高度経済成長期の「一億総中流」と言われた時代、人々の生活スタイルの意味は伝統がもたらしてくれました。生活スタイルの意味とは、「なぜあなたはそのような生活をしているのですか?」という質問に対する回答です。

「一億総中流」という表現は、伝統的に人々が理想として共有する生活スタイルが存在し、それに従った結果、皆が同じような生活スタイルを送っていたことを意味するでしょう。つまり、その生活スタイルに沿う限り、誰も「なぜあなたはそのような生活をしているのですか?」と聞いてくることはありません。もしそう聞かれたとしても、「なんでわざわざそんなこと聞くの? みんながやっているからでしょ。」と回答すれば事足りたでしょう。

このような時代には、人々にとっての製品の意味も伝統が画一的に与えてくれることになります。日本の製造業が製品の意味ではなく、普遍的だと考えてきた機能や品質に焦点を当ててきたのも、まさに国内市場が画一的な生活の中で製品の意味を問わなかったからだと考えてよいでしょう。つまり、企業がオーバー・アイデンティフィケーションの状態を有利に利用できたのも、このような要因に影響されたものだと考えられます。

ギデンズは、モダニズムが進展するにつれ、そのような伝統からの解放が進むことを指摘しました。現代の日本でも社会が伝統的に共有していたマクロの理想像は弱体化し、個人がそれぞれ自らの理想を描き、主張する機会が徐々に増加しています。個人は自分の生活スタイルを自ら定義し、周囲に主張し、周囲から共感を得ると、トレンドとなり、社会で（他にもたくさん現れるという意味で）〝一つ〟の理想像を形成します。この一連の手続きが政治的だということから、ギデンズはこのような現代社会の人々の営みをライフポリティクスと定義しました。

これは自身のスタイルを自身で正当化しなければならないということを意味します。たとえば、友人が誰も見たことのない際立った生活スタイルをとるようになったと仮定しましょう。そうすると、その友人は、「なぜあなたはそのような生活スタイルをしているのですか？」と聞かれ、それに答える必要性が発生してしまいます。生活スタイルが多様である以上、その生活の中で使用される製品の意味も多様になってしまいます。

さて、ここで〝スタイル〟という言葉の定義について考えておきましょう。デザイン研究者のトンキンワイズはスタイルについて次のように定義しています（Tonkinwise 2011: p. 538）。

スタイルは人々の構造的な選択を一定の行動に変換するものである。（筆者訳）

構造的な選択とは、ランダムに起こる選択ではなく、何かルールを持った選択を意味しています。このような構造的な選択自体は個人の頭の中で起こることなので、他人からは見えません。それを他人から見ることのできる一定の行動に変換するものがスタイルであるということです。逆に言うと、個人の繰り返される一定の行動を観察することで、その人のスタイルを、さらには構造的な選択を理解できるということになります。生活スタイルということは、生活における構造的な選択を一定の行動に変換するものの理解ということになります。たとえば、好き嫌いという評価軸に沿って連続的な選択が行われると、その好き嫌いが生活の中で物体化されます。恋人たちはお互いにその物体化されたものを観察し、相手のスタイルを理解し、そのスタイルに合ったプレゼントを選択し、贈ります。

さて、それではこの構造的な選択はどのような基準で起こるのでしょうか。トンキンワイズはこの基準として審美性（aesthetics）を挙げています。審美性とは、美しいと思う対象の基準です。トンキンワイズは、フランスの社会学者のブルデューを引用しながらこの審美性自体が政治的に決定されるものとして定義しています（Bourdieu 1985）。つまり、現代の社会が個人の政治的な営みに変化してきた背景には、そもそもの審美性が政治的に決まるものであるという背景があります。この政治的に決まるということは、世界で統一された普遍的な審美性が存在するわけではないということを意味します。

5-1-5　社会構成主義

さらに、この背景を紐解いていくと、デザインマネジメントの観点では社会構成主義的に捉えたほうが社会を適切に描写できるということがあります。社会構成主義では、上述したように、社会には万人に受け入れられる普遍的（客観的）なモノは存在せず、あくまで人々の中で合意がとれた、相対的な意味によって構築されると捉えます。著名な社会構成主義研究者であるケネス・ガーゲンとメアリー・ガーゲンは、社会構成主義では社会が常に対話の中でしか構成されないため、思考が止まることはなく、創造的なプロセスを伴うことを指摘しています（Gergen and Gergen 2004）。さて、「社会が常に対話の中でしか構成されない」とはいったいどういうことなのでしょうか。

これを理解するためには、社会構成主義において主観と客観がどのように扱われるかを理解する必要があります。まず、社会構成主義では主観は、内主観と間主観、集主観、超主観の四つに分けられます。内主観とは個人の中にある主観を意味します。次に、間主観とは内主観と内主観の相互関係によって構成されるものを指します。たとえば、家族や友人の中だけで共有されている独特の解釈がこれにあたります。まだ子どもの頃に当たり前だと思っていたことが、実は自分の家族の中でしか通用しない独特のものであったという経験は誰もがあるのではないでしょうか。

次に、間主観よりさらに大きな主観の集まりが集主観です。たとえば、企業や学校単位でしか通用しない独特の解釈がこれにあたります。就職や転職したときに、その企業でしか使用されていない不

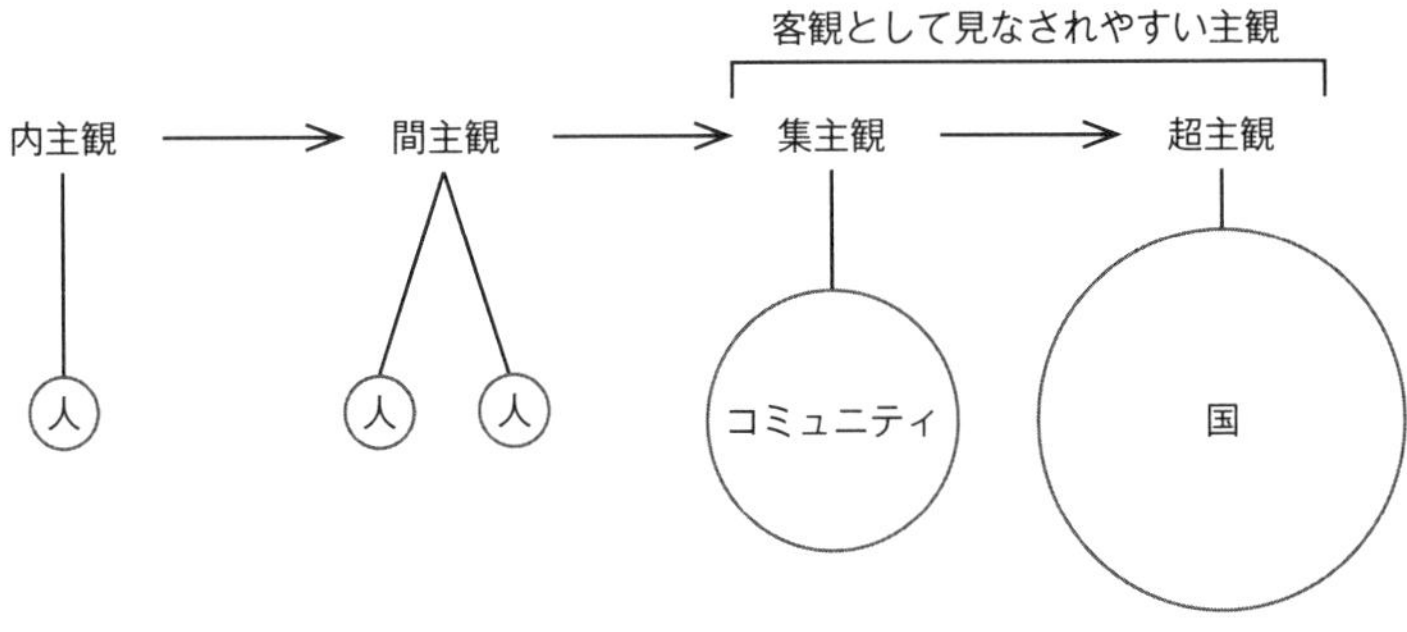

図5-5　社会構成主義の主観の考え方

思議な解釈に戸惑ったということを多くの人が経験しているのではないでしょうか。この集主観はかなり大規模なコミュニティで通用する解釈なので、そのコミュニティにしか参加していない人にとっては、その解釈がまるで〝世界共通の解釈〟であると感じます。そして、このような解釈を世間では〝常識〟や〝客観〟と呼ぶのです。

新入社員が「そんな常識も君は知らないのかね。最近の学校はいったい何を教えているんだ。」と言われて、「そんな常識、この会社だけだよ…」と嘆くことがよくありますね。まさに、これが集主観的に形成されたコミュニティの中に限定された〝常識〟や〝客観〟です。それに対して、超主観はもっと大規模で、たとえば国の文化といったものが対象となります。要するに、社会構成主義では、客観として見なされている解釈はありますが、客観はないと考えます。

よって、社会構成主義の視点で社会を捉えるということは、ある人が日々の生活で別の人と出会ったとき、その二人が見える社会は会話の中で間主観的にしか決まらないということを意味します。さらに、それが集団になるとその集団の中での会話によってその集団で見える社会が決まるということになります。

たとえば、「私が見える社会は他の人にも同じように見えている。私が考えていることは客観的であり、絶対だ」と考える人は、他人と出会ったときに「あの人にはどのような社会が見えているのだろうか?」と疑問に思うことはありません。この時点で社会に対する思考は止まっています。しかし、社会構成主義では「私の見えている社会はあくまで内主観的だから、相手がそう見えているとは限らない。だから、会話をして、相手の社会がどうなっているか考えなければ」と考えます。そのため、常に思考が止まらないのです。それゆえに、社会構成主義は創造的なプロセスが伴うと考えられます。

さて、ライフポリティクス的な側面を持つ現代社会を社会構成主義的に考えるということがどういうことか理解いただけたでしょうか。もはや現代社会では「客観的に考えて…」や「絶対…」といった考え方が通用しづらくなっていることは誰もが感じているでしょう。近年は、サイエンス(科学)ですら信じないという言説がよく見られますね。サイエンスが信頼を失うなんて、サイエンスに携わる人からすると信じられないことでしょう。「なぜなら、サイエンスは絶対であり、客観なのだから」と言いたい気持ちもよくわかります。ただ、社会構成主義的に考えると、客観や絶対などそもそも主観が集まってそのように認識しているだけであると捉えます。そして、ものごとの良し悪しは、その集主観的に共有された物差しで測られるのです。

多くの科学者がサイエンスは絶対であり、客観であると考えてきたからこそ、サイエンスの意味を人々に伝える努力を怠り、サイエンスへの不信が生まれたのではないでしょうか(サイエンスにおいて不正行為が行われているのも事実ですが)。だからこそ、今サイエンス・コミュニケーションの重要

表5-2　ライフポリティクスにおける意味のイノベーションとIDEO発デザイン思考

	意味のイノベーション	IDEO発デザイン思考
役割	日々の政治に参加する	ユーザーの日々の政治を支える
活動	新たなスタイルを提示する	ユーザーのスタイルを支援する

性が際立っているのだと考えます。同様に、「高い技術力や、高機能、高品質の製品は絶対売れる」と組織の中で信じられたとしても、それはその組織の集主観であって、人々はそれぞれのコミュニティでそれぞれの集主観的な解釈を持つのです。

そして、現代では集主観がイデオロギー的なものから形成されるのではなく、個人の内主観の主張による政治的なプロセスで決まるという場面が見られます。誰かがビジョンを持ってオリジナルのスタイルを形成し、それを友人たちと間主観的に共有し、ＳＮＳ等を通して批判されながらも、徐々に大勢の人たちに共感されることで、集主観的なビジョンが形成されるのです。そして、そのビジョンに共感する人々は、そのコミュニティに所属することで、自分自身の生活スタイルの意味を生成するのです。

その一方で、また新たな誰かが内主観的にビジョンを想像し、というように新たなスタイルが誕生するというループが生まれます。その結果、ポジティブ／ネガティブの両方の社会的インパクトが生まれているのが現状です。意味のイノベーションとは、まさにこのプロセスに企業が参加することだと捉えることができます。つまり、ライフポリティクス時代における企業は、企業と消費者という境界を捨て、人々の日々の政治（Manzini 2019）に参加する一プレイヤーとして社会にポジティブなインパクトを与える存在として捉えるべきなのではないでしょうか。

また、デザイン思考のようなユーザー中心アプローチは、ユーザーが持つスタイルをエスノグラフィーによって明らかにし、ユーザーがそのスタイルのもとでさらに日常生活を豊かにする製品やサービスを開発することができます。そういった意味で、ユーザー自身の生活スタイルの正当化を支援するための製品やサービスを開発する手法であると言えるでしょう。よって、ユーザーの日々の政治のプロセスを支えることがユーザー中心アプローチを行う企業の役割になるのではないでしょうか。ここに意味のイノベーションとＩＤＥＯ発デザイン思考の違いが顕著に現れます。

5-2　属人的な意味と非属人的な価値

5-2-1　世界は一つ…ではない

このような社会の流れの中、デザイン人類学者であるエスコバルは、世界はもともと多様な社会であったにもかかわらず、欧米の画一的な価値観やイデオロギーをベースに開発された単一の世界（ユニバース：uni+verse）が支配的であることへの違和感を提起し、プルリバースな社会への移行を訴えました（Escobar 2017）。プルリバースとは、複数を意味するpluriと世界を意味するverseによって構成される単語であり、多元的な世界を意味しています。ギデンズのライフポリティクスとエスコバルのプルリバースな社会は同様の方向性であると考えてよいでしょう。

上平（2020）が指摘するように、多元的な世界では、デザインする主体がいったい誰なのかを再検討しなければなりません。従来のように、企業が画一的な方針のもとでデザインしたものが、人々の政治的な営みに対応できる時代ではもはやありません。機能と品質は普遍的であり、誰もが欲するものであるという前提はまさにユニバース的発想です。「私が見える社会は他の人にも同じように見えている。私が考えていることは絶対だ」と考えるのもユニバース的発想ですね。

確かに、機能と品質が普遍的であるという考え方は存在します。しかし、そうでない考え方もまた存在するのです。実際に、近年は機能的には劣っているものの、社会に大きなインパクトを与える製品が多々見られます。たとえば、高機能なデジタルカメラやスマートフォンがある中で、インスタントカメラはいまだに売れ続けています。では、その判断は誰がどうやって決めるのでしょうか。まさに、人々の政治によって決まるということです。

それに対して、このような人々のニーズに応えるべき、企業はどうでしょうか。消費者の多様性を包含できるほど、多様な組織となっているでしょうか。組織の審美性は一人ひとりの個人、そして外部の消費者による政治的な営みから構成されているでしょうか。残念ながら、多くの組織ではそうはなっていないでしょう。

組織の価値観やゴールを過度に受け入れるオーバー・アイデンティフィケーションは、このボトムアップの政治的な営みから形成されるプロセスとは真逆です。就職活動のときには学生は個性を求められ、いざ就職するとトップダウン的に企業の価値観やゴールの内面化を求められ、個性が埋没する、このような事例は誰もが目にしたことがあるでしょう。消費者のニーズが多様になっているということを認めるにもかかわらず、組織内のアイデンティティは多様化していないというのが現状です。

デザインマネジメントを組織全体として包括的に実施しなければいけない理由がここにあります。誰もが社会的アイデンティティを同時に複数持ちます。もし、組織内の誰もがその複数の社会的アイデンティティを顕在化させるとどうなるでしょうか。人員を増やさなくても、その組織の多様性は一気に向上します。

前章のデザイン・ケイパビリティの議論の中で、選択肢がある中で自由に選択することが保証されている状態を幸福であるというセンの主張を紹介しました。ここから、組織の中で複数の社会的アイデンティティから自由に選択できることが保証されていることが従業員の幸福につながると考えられます。実際に、アヴァンジらの研究では、オーバー・アイデンティフィケーションに陥ると従業員はワーカホリックになり、ウェル・ビーイングが低下することが明らかとなっています（Avanzi et al. 2012）。

よって、単に現場の個人にデザイン思考やアート思考を習得させ、組織外の社会的アイデンティティについて熟考させればよいという問題ではありません。個人が自らの価値観やゴールを自分の中で明確化させることは単なるスタートラインにたった程度です。そこから、その属人的な価値観やゴールを組織内で自由に選択・主張させ、他の人々との政治的なプロセスを介して、組織の価値観やゴールとしてまとめていくというプロセスが必要となるのです。「私が見える社会は他の人にも同じように見えている。私が考えていることは絶対だ」と考える人がトップやミドル・マネジメントにいると、人々の民主的で政治的なプロセスは一瞬で終わりを迎えます。

5-2-2　デザインシンカーの苦悩

近年、デザインスクールのように組織の外部でデザイン思考を学ぶ個人（デザインシンカー）が顕著に増加しています（日経デザイン 2020）。このようなデザインシンカーは上述したデザイナーのように常に自身の社会的アイデンティティをアップデートしながら、アイデア創出のためのガイディング・プリンシプルを磨き続けます（Lawson 2006）。

しかしながら、モノづくり大国時代に構築されたオーバー・アイデンティフィケーションに陥った組織では、結局そのような個人の能力は発揮されません。デザインシンカーが持つ多様な社会的アイデンティティは組織のアイデンティティに消されてしまうからです。このような組織では、デザインシンカーはデザイン教育を受けていない個人以上に組織に幻滅することとなるでしょう。なぜなら、組織外でデザイン教育を受けることで、組織のオーバー・アイデンティフィケーションに気づき、自分自身が活躍できる状態でないことを悟るからです（後藤 2020）。

心理学者のオイザーマンが提唱したアイデンティティ・ベースド・モチベーション理論では、人々は自らのアイデンティティと一致した場合に、仕事へのモチベーションを高め、逆に組織で除外されたと感じると、モチベーションを失ってしまうことが明らかにされています（Oyserman 2015）。高いモチベーションを持って組織外で学び、組織外の社会的アイデンティティを明確にし、いざそこで得られた価値観やゴールを組織に持って帰ってくると、組織からその社会的アイデンティティを除外されたように感じる、このような経験は組織に対して負の感情を高めてしまいます。

また、組織内でデザイン教育を実施した場合に、次のようなことも頻繁に起こります。人事部が用意する研修としてのデザイン思考やアート思考のプログラムを受け、個人のアイデンティティ、つまりbeing（存在）を見直す機会を与えられます。それにもかかわらず、研修を終えて部署に戻ると、結局個人の価値観やゴールを表出する機会がない場合があります。これは、人事部と現場を包括的にマネジメントできていないために起こります。

人事部は、ダイバーシティ&インクルージョンの対応として、個人の組織外の社会的アイデンティティを重視する方向にあります。一方で、現場は相変わらず機能や品質を重視し、属人性を排除したオーバー・アイデンティフィケーションに陥っているということが頻繁に見られます。デザインマネジメントの観点から考えると、このような組織ではデザインが戦略的に取り扱われていないと言えます。

5-2-3　ライフとワーク

ここで、ワーク・ライフバランスという言葉の意味を人事的施策ではなく、デザインマネジメントの観点から考えてみましょう。内閣府の「仕事と生活の調和」推進サイトによると、ワーク・ライフバランスの定義は、「老若男女誰もが、仕事、家庭生活、地域生活、個人の自己啓発など、さまざまな活動について、自ら希望するバランスで展開できる状態」[1]や「個人が仕事上の責任を果たしつつ、結婚や育児をはじめとする家族形成のほか、介護やキャリア形成、地域活動への参加等、個人や多様なライフスタイルの家族がライフステージに応じた希望を実現できるようにすること」[2]等の定義が取り上げられています。いずれも、個人の組織内外の複数の社会的アイデンティティの共存に言及したものです。これらの定義では、ワークとライフを切り分けて、そのバランスをとるという意味でこの言葉が使われているように感じます。

特に大企業ほど、ワークとライフがはっきりと切り分けられることが多いでしょう。このような場合、ワークとライフのアイデンティティが完全に切り離されることを意味してしまいます。「仕事にプライベートを持ち込むな」というフレーズをよく耳にします。これは組織のアイデンティティが強く、働いているときのプライベートに関わる社会的アイデンティティの顕在化を妨げるのです。他にも、「ユニフォームを着ると仕事モードになる」というようなフレーズがよく聞かれますが、これは組織のアイデンティティに自己のアイデンティティを一致させる（ユニにフォームする）ことを端的に指した表現ではないでしょうか。

ただ、ワークとライフを分離してはいけないという言説を、物理的にワークとライフを融合させると解釈しないように気をつける必要があります。物理的にワークとライフを融合させた状態とは、たとえばプライベートの時間に組織の人間関係を無理やり持ち込むようなことを指します。だからこの本を読んで、「よし、うちの会社も休日に社員旅行を増やそう！　飲み会も増やさなければ！　運動会もやろう！」とはならないでください。

なぜなら、それは組織外の社会的アイデンティティの活動を阻害し、組織内の社会的アイデンティティをより個人に押し付けているからです。重要なことは、組織が管理できない組織外の社会的アイデンティティが持つ、組織にとって新しい価値観やゴールを組織内で発揮することです。もっと簡単に言うと、趣味や家族で大切にされている価値観やゴールを組織の中で顕在化させることで、組織の支配的な価値観やゴールから抜け出そうとする試みです。それゆえに、休日まで組織の活動に支配されたら、社会的アイデンティティの多様性は失われます。

よって、ワーク・ライフバランスのワークとライフの融合は、ライフがワークへ侵入する方向性で行わなければなりません。同時に、ワークがライフへ侵入することは避けなければなりません。このようなワーク・ライフバランスの再定義を、意味のイノベーションを提唱した研究グループでもあるミラノ工科大学・経営工学研究所のデレッラ教授らは、ワーク・ライフバランスよりも、〝ワーク・ライフインテグレーション〟や〝ワーク・ライフフレキシビリティ〟と捉えたほうが好ましいのではないかと提起しています（Dell'Era et al. 2020）。

このように考えると、さまざまな休暇制度の意味が変わってくるのではないでしょうか。たとえば、産前・産後休暇や育児休暇、介護休暇は家族と向き合い、自分の人生をリフレクションする機会となります。そして、有給休暇は組織外での活動を可能とし、組織外の社会的アイデンティティの強化につながります。近年はプロボノのように、自主的にソーシャル・イノベーションに関わる機会が増えています。有給休暇や時間外労働の削減がなければ、そのような活動に参加することはできません。特に、組織の中で支配的な価値観やゴールを強く共有した人々ほど、このような休暇の効果が現れるのではないでしょうか。

団塊世代の男性が定年を迎えた後に自宅でやることがなく、困ってしまうという話をよく耳にします。このような人々が現役バリバリで働いていた頃には、社会では機能や品質といった普遍的だと考えられており、ユニバースを前提とした価値観が求められてきました。それゆえに、組織外の社会的アイデンティティを組織内で顕在化させる必要はなかったのです。だからこそ、組織の外での時間を意味するさまざまな休暇制度は、価値の創出を妨げる要因と考えられ、積極的に取得が推奨されませんでした。そのため、退職し、いざ組織の外に出るとアイデンティフィケーションするコミュニティがなく、戸惑ってしまうのでしょう。

意味のイノベーションにとって、休暇を取得し、組織の外に出て、自分の人生をリフレクションすることが非常に重要です。現在、企業における休暇制度の考え方は、どちらかというと離職やモチベーションの低下を防ぐためというマイナスをゼロに戻すための施策として考えていることが多いのではないでしょうか。意味のイノベーションの観点で考えると、休暇や他の制度も含めて組織の外へ出るということはゼロからプラスをもたらす重要な施策であり、積極的に活用すべきものなのです。

5-2-4　組織の外から内へ侵入する厄介な問題

人々は、同時に複数の社会的アイデンティティを保有するため、価値観やゴールも複数同時に保有します。ときにはそれらが個人の中でも矛盾し、葛藤を抱えることがあります。そのような人々の一

ユーザーの厄介な問題

組織内の厄介な問題

図5-6　組織内に侵入する厄介な問題

貫性が担保されない主張が組織の中で顕在化されることで発生するのが1章で述べた厄介な問題です。

今までの製品開発、つまり「ものごとに意味を与える行為としてのデザイン」では、ユーザーや社会が抱える厄介な問題を取り扱っていました。その一方で、ものごとに意味を与えるための「組織や社会を新たな方向に導くためのデザイン」では、組織の中で起こる厄介な問題を扱うことになるのです。つまり、この二つのデザインを統合して取り扱うデザインマネジメントは最初から最後まで厄介なのです。デザインマネジメントを導入するということは、経営者に厄介な問題を引き受ける覚悟を求めているということをここで強調しておきます。気軽にデザインマネジメントを導入すると、厄介な問題に組織が振り回されるかもしれません。

厄介な問題の特徴は1章ですでに説明しましたが、ここではそのような問題に対処しているときに組織内で起こることについて改めて考えてみましょう。たとえば、ユーザーを製品開発の中心に置いた場合、ユーザーは厄介な問題を抱えますが、メタ的に考えるとその〝ユーザーの厄介な問題を解決する〟という一つの方向を向くことができると同時に、そのユーザーの厄介な問題を解決することを〝真〟として捉えることができます。このようなプロセスでは、次のようなことが起こります。

あるとき、ユーザーの問題を解決する製品を開発し、販売しました。しかし、結果として社会に全く良いインパクトを与えなかったとします。そうすると、組織内で当然「なぜこの製品は失敗したのか?」という原因の解明が行われます。そこで担当者はこう言います。「ユーザーがこれを欲しいと言っていました。」

これは、ユーザーの問題を解決することを〝真〟とした場合には正しいロジックでしょう。そう言われると、「事前にユーザーに確認していたのであれば仕方がない」と言わざるを得なくなります。実は、ここにも厄介な問題の特徴が現れていて、あるときユーザーが「これを欲しい」と言いながらも、すぐにその問題の性質が変化し、その製品が不要になるということはよく起こります。デザイン思考がアンケートやインタビューではなく、エスノグラフィーを実施するのは、ユーザーの言うことはコロコロ変わるし、本当に欲しいものを言えないという厄介さへの対応が大きな理由でしょう。

組織構成員一人ひとりの社会的アイデンティティの顕在化による組織内の厄介な問題では、ユーザーの問題解決を中心に置いた場合と異なってきます。厄介な問題として「真か偽かではなく、良いか悪いかだけで判断される」という特徴がまさに顕在化するのです。ユーザーを中心に置いた場合、〝ユーザーの良いか悪いか〟を真に置けますが、組織内の厄介な問題では、誰の何を真に置けばよいのかが明確にできません。「すべてがそれぞれにユニークである」し、「常に複数の説明の可能性があり、その説明はデザイナーの世界観に依存する」という厄介な特性を考えれば、組織や社会を新たな方向に導くためのデザインでは、問題の説明は一人ひとりの世界観に依存してしまいます。

それゆえに、一人ひとりの社会的アイデンティティがブリコラージュの材料となり、ブリコルールはデザイン態度を持って、意味生成の政治的なデザインマネジメントのプロセスに取り組まなければなりません。前章で、リーダーシップとして、「方向性の設定」や「人心の統合」、「動機づけ」の三つの役割を紹介しました。意味生成の政治的なプロセスはマネジメントではなく、リーダーシップのアプローチが求められることがよくわかります。つまり、デザインマネジメントの実践には、デザイン態度を持つこととリーダーシップを持つことが必要となります。

5-2-5 厄介な問題と組織の倫理観

また、デザインマネジメントでは、高い倫理観が問われます。なぜなら、厄介な問題には、「解決者には、間違える権利がない。行動に責任を負っている」という特性があるからです。上述したように、ユーザーを中心に置いた場合、製品開発の理由をユーザーに求めることになり、厳しい言い方をすれば、ある意味その責任をユーザーに押し付けることになります。それゆえに、もし製品が社会に良い影響を与えられなくても、「ユーザーが望んでいたなら仕方がない」と割り切って次に進めるのではないでしょうか。

しかしながら、組織内で厄介な問題を抱えた場合は、そこで決められる意思決定の責任は誰にも押し付けられません。もし、製品が社会に良い影響を与えられなかった場合には、組織内の政治的プロセスのどこに問題があったのかを常に個人がリフレクションしながら、思考や行動のパターンを変化させなければなりません。ショーンは、このようなリフレクションをベースとした省察的実践家としてのデザイナーの側面を取り上げましたが（Schön 1984）。組織や社会を新たな方向に導くためのデザインでは、デザインは非デザイナーに開かれています。そのため、省察的実践家としての役割を担うことも非デザイナーに期待されるのです。

さらに、ライフポリティクスの状況では人々は自分のスタイルを選択する機会を持つのですが、同時にそのような社会では人々は日常にあるリスクと対峙することを意識しなければなりません。その過程では、たとえばフェイクニュースがまるで真実のように捉えられるという現象が起こります。ある特定の人々の内主観的な提案が、その提案に都合の良い（と解釈される）専門家の言説を引用しながら、人々の政治的なプロセスを経て、集主観的に共有されていきます。フェイクニュースを権威的な組織や人々が否定をしたところで、それを否定した行為により、「否定するなんて、きっと裏があるんだ」と余計にフェイクニュースへの思い入れを強めてしまうことがよく見られます。

企業が人々の日々の政治に参加する一プレイヤーと仮定するならば、企業が提案するビジョンは企業という一つの存在（法人）の内主観的なものです。そして、その内主観的な提案が人々の政治的なプロセスによって集主観的になる可能性を秘めます。そのため、企業の提案が倫理観を伴わないものであったらどのような社会的インパクトを与えるか想像してみてください。組織は、組織内で人々の内主観から提起されたアイデアが組織の中で集主観に共有されるプロセスで現れる厄介な問題の対応に責任を負っていることを強く自覚しなければなりません。

ブレインストーミングを行って、「それ面白いね！」という軽いノリで製品を社会に出すと炎上しかねません。炎上するのはまだ良いほうです。なぜなら、そこで社会へのインパクトは終わりますので。恐ろしいのは、炎上すらせず社会に浸透してしまい、誰も気づかない間にネガティブなインパクトを社会に与えてしまう場合です。社会で集主観的に強く共有されてしまった場合、上記のフェイクニュースの例のように、共有された解釈から抜け出すことが難しくなるときがあります。そうなると、そこから抜け出すために、多大な社会的コストがかかってしまいます。

また、現代社会には人々のライフポリティクスが進むがゆえに現れる弊害があります。作家の橘玲の著書『無理ゲー社会』の中でよく描かれていますが、自分のスタイルを自分で正当化できる人々にとっては、現代はとても魅力的な社会です（橘 2021）。その一方で、正当化できない人々にとっては、非常に辛い社会でもあります。そのような人々にとっては、以前のような伝統が意味を与えてくれる時代が魅力的になります。ライフスタイルを選択し、正当化できるということは魅力ではありますが、そのためにかける労力はそれなりに大きいものがあり、すべての人々が生活の中でそのような余裕があるわけではありません。

よって、企業が人々の日々の政治に入り込むのであれば、このような人々が直面するリスクを考慮するべきでしょう。つまり、人々の日々の政治の中に一プレイヤーとして、高い倫理観を持って企業のスタイルを提案する意味のイノベーションだけではなく、人々が自らのスタイルを正当化できるようにサポートをするＩＤＥＯ社発のデザイン思考も現代社会でいかに重要であるかを理解できます。

この点において、ソーシャル・イノベーション領域へとデザイン思考を応用することは、非常に意義のあることではないかと考えています。実は社会起業家はデザイン思考と言われる前からデザイン思考と本質的に同様のプロセスを実施しているかもしれません。もしそうであれば、デザイン思考をソーシャル・イノベーション領域へ応用するという言説は、著者の傲慢でしかないですね。

また、たとえばサイエンスを絶対的だと捉える人にとっては、『エセ科学』は全く認められないものでしょう。しかしながら、「エセ科学」に意味を見出し、それに基づいて行動すること、これも人々に開かれた〝デザイン〟です。社会構成主義では、意味が優先される点で、客観的で絶対的、普遍的な指標は存在しません。それゆえに、ユニバース的な〝良い・悪い〟という判断はできないのです。その点を考慮し、目の前にいるユーザーまたは人々を中心として、寄り添わなければデザインはできません。

ここで求められるものは、哲学者のエトムント・フッサールが提起したエポケーのような思考プロセスです。要するに、自身の持つ普段の当たり前の感覚でものごとを判断することを一旦停止し（括弧に入れると表現します）、目の前のユーザーまたは人々に現れる現象に真摯に向き合うという倫理観がデザインには求められるのです。そのうえで、目の前のユーザーや人々が生活の中で抱える本質的な問題を解決し、新たな意味を見出せるようにサポートしなければなりません。本書で触れたデザイン態度には、まさにこのユーザーに寄り添うことと現象に真摯に向き合うことが含まれています。

5-2-6　意味と価値の違い

ここで、意味と価値の関係性について検討してみましょう。ベルガンティによれば、意味とは価値の判断の物差しです（Verganti 2017）。前述したように、意味は人々のこうありたいという強い気持ち（ビジョン）があるからこそ、その製品（やものごと）の価値の評価（好き嫌い）が判断できます。これをbeing（存在）／knowing（認識）／acting（行動）の枠組みで捉えると、自分自身のこうありたいというビジョンはbeing（存在）を規定するものであり、それにより製品のknowing（認識）、つまり価値の評価の判断が変化すると考えられます。

デザインおよびデザインマネジメントの世界では、being（存在）が情緒的、つまり感情や気分で変化することを認めます。合理性や利便性を重視するマネジメント態度を持つ人々にとっては受け入れづらいことだとは思いますが、これを認めること、つまりデザイン態度を持つことがデザインマネジメントに重要である理由の一つがここにあります。

たとえば、ペンの例を挙げると、目標とする何かになるため勉強したいというビジョンを持った人に、「なぜ、あなたはペンを使うのですか?」と尋ねると、「文字を書くためです」と回答するでしょう。つまり、ペンには〝文字を書くもの〟という意味が生成されます。その意味のもとであれば、〝文字の書きやすさ〟が判断の基準、つまり価値になり、その高低が決定されます。その一方で、暇を楽しみたいという人にとっては、ペンには〝くるくる回すもの〟という意味が付与されることがあるでしょう。そうなると、〝回しやすさ〟が価値の高低となり、文字を書く場合とは違った形状や重量、重心の位置、質感等が求められます。授業中に暇つぶしをしたい人にとって、そのペンがいかに文字を書きやすかったとしてもまさに〝意味がない〟のです。無意味とは、価値の高低がユーザーに問われないことを指します。

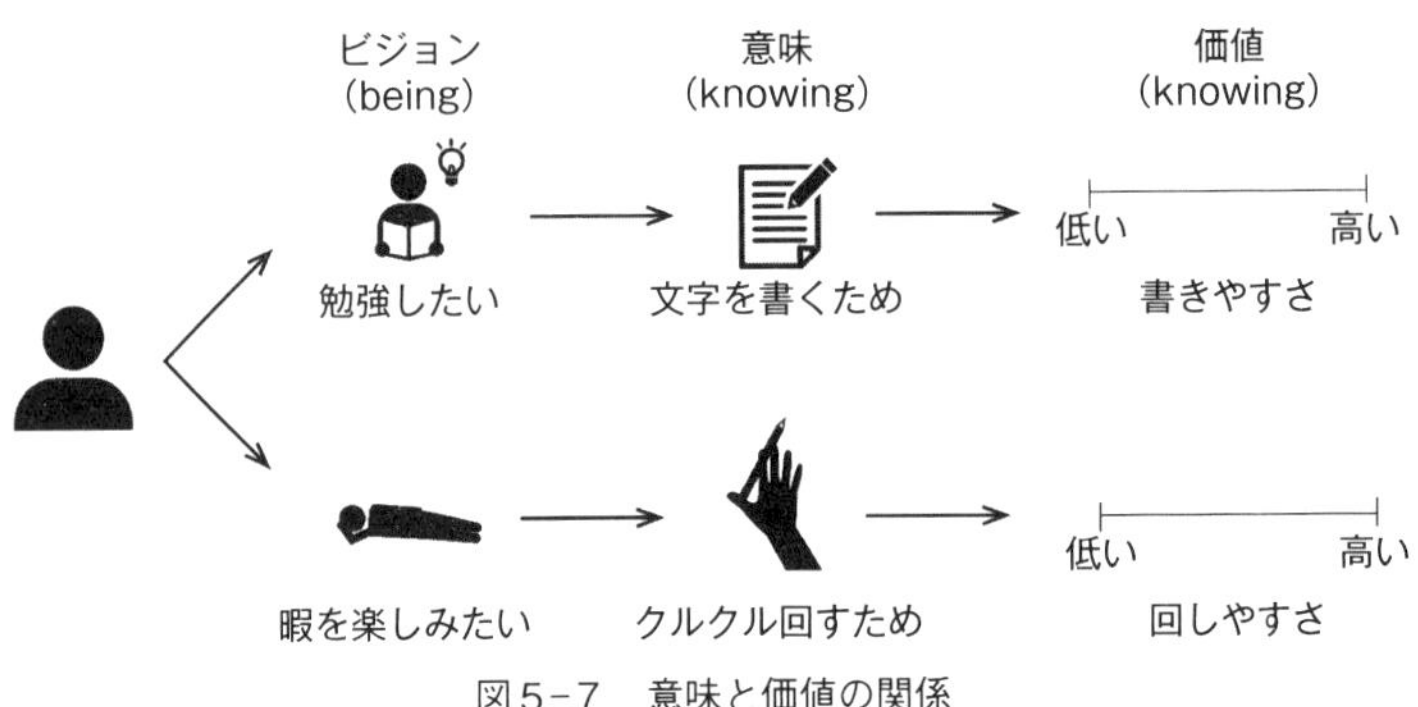

図5-7　意味と価値の関係

一般の経営学では、意味と価値の議論は非常に複雑です。たとえば、マーケティングの文脈では、情緒性／合理性という指標は、ユーティリタリアン・バリュー／ヘドニック・バリューというように定義されます（Hirchman and Holbrook 1982）。また、イノベーションの文脈では延岡が意味的価値／機能的価値と定義しています（延岡 2011）。また伝統的なマルクス経済学に慣れた人にとっては、使用価値という概念のほうが馴染みがあるかもしれません。デザインの世界においては意味とは使用する製品のコンテクストの中で、使用する人にとって「意味があるか、ないか」といったような主観的に捉えられるものという感覚的な定義が採用されます。

延岡に則って、意味的価値と機能的価値を共存するものとして考えると、たとえば自動車に興味が全くない人にとって意味的価値は全くありませんが、その一方で自動車を中心として（自動車を開発しているエンジニアの視点で）考えたとき、自動車の機能的価値が高いか低いかは当然検討可能です。なぜなら、機能的価値は自動車の物理的な価値を問うているからです。つまり、延岡の定義では、人間中心的視点としての意味的価値と、技術中心的視点としての機能的価値の両者から同時に評価していると解釈することができます。このような考え方は、特にエンジニアリング、そして技術経営の観点からはとても重要な考え方であることは間違いありません。

しかしながら、本書のように、人間の解釈をすべてにおいて優先すると定義した場合、人間の関心がすべてです。自動車に全く興味がない、意味を見出せない若者は、車の機能やスペックに対して関心を持ち調べようとはしないでしょう。社会構成主義的に考えると、興味関心が向かないということは、その若者にとっての社会の構成要素に車が入っていないということです。もはや、自動車がその若者の社会に存在しないということと同義です。

この状況を物理的に考えると、目に自動車から反射された光が信号として入ってはくるが、脳の中で起こる情報処理プロセスの中でその信号が遮断され、実際に脳が認識するイメージとして結像されないことを意味します。結局、人は見たいものしか見えないのです。ベルガンティもこの点を心理学用語の「選択的促進（selective enhancement）」を用いて強調しています（Verganti 2017）。つまり、自動車に興味がないその若者にとって、自動車の価値があるかないかを議論すること自体無意味なのです。このように、存在するモノではなく、人々が与えるモノの意味をデザインの焦点に移行させたのが、クリッペンドルフが提唱した意味論的転回です（Krippendorff 2005）。

このように感情的な意味が理性的な価値に先行するというデザインの考え方が実践的で、学術的ではないというわけではありません。たとえば、哲学者のマルティン・ハイデガーは、感情的にものごとを見ようとする情意的志向性が、理性より先行すると指摘し、伝統的な哲学の考え方（理性が先行し、感情は誤謬を生む）を覆しました。また、ベルガンティは、経営学の著書としては異例だと思いますが、「Love」という言葉を多用します。このような感情が理性より先行する考え方は、〝感情をフォルムとして合理的に表現する〟イタリアならではの感覚なのかもしれません。機能美としてのフォルムを追求してきたプロダクトデザインとは一線を画しています。それゆえに、デザイナーの中でも、機能美を真とするデザイナーにとっては、意味が価値に先行する、またはビジョンが機能よりも優先するという考え方は受け入れられづらいかもしれません。

5-2-7　意味と価値、そしてデザインシンキング

これまでの議論を踏まえると、価値の革新を目指す場合はその価値がすでに存在していて、価値の判断軸が明確になっていることが前提となります。価値の判断軸が明確であるということは、誰がどのようなコンテクストで、どのような機能を使うのかが明確であることを意味します。IDEO社発のデザイン思考がエスノグラフィーを起点とする理由は、ユーザーのコンテクストを明確に設定して価値の判断軸を明らかにすることで、そのコンテクストの中でのユーザーのbeing（存在）と、それに沿ってどのようにモノがknowing（認識）されているかを明らかにするためです。

このデザイン思考では、ユーザーに〝共感する〟という言葉が使用されますが、この言葉自体はあいまいで結局何をすることか理解が難しいのではないでしょうか。なんと、デザインにおける共感の重要性を提起したあのドナルド・ノーマンですら、共感はできないと述べています（彼はインタビュ

ーの中で、いまだに長年寄り添った妻のことすら共感できていないという事実を明らかにしています）（Norman 2019）。また、デザインの共感できるかできないか問題はデザイン研究の主要なテーマとなっています。

ＩＤＥＯ社発のデザイン思考で実際にやっていることは、調査者としての自分の being（存在）を捨て、ユーザーの being（存在）を真としたときに、どのようにモノが knowing（認識）されるか、つまり意味が解釈されているかを理解するという作業になります。これが前述したような言い方をするならば、ユーザーのスタイルを理解するということです。そして、その分析結果を抽象化させ、それに沿ったプロトタイプを開発し、ユーザーの文脈に投入し、どのような意味を見出すかを観察し、またプロトタイプをつくって…というサイクルをラピッドに回すのがＩＤＥＯ社発のデザイン思考です。

このデザイン思考がインクリメンタルなイノベーションには適しているが、ラディカルなイノベーションには適していないという指摘があります（Norman and Verganti 2014）。確かにユーザーのあるコンテクストに限られた being（存在）に焦点を当ててしまうため、どうしても価値の革新にとどまってしまう傾向があります。特に、デザイン思考に慣れていない初心者ほどそのような傾向にあります。

エスノグラフィーは非常に高度なスキルを要します。そのようなスキルをまだ獲得していないデザイン思考初心者は、エスノグラフィーを時間的にも空間的にも限られたコンテクストに限定せざるを得ません。結局、そこから得られるユーザーの being（存在）が限定されます。たとえば、ある人の働く現場を観察したとします。そこで現れるその人の社会的アイデンティティはあくまで組織内のものです。その観察対象者が、観察された現場を離れるとどうなるでしょうか。全く違うbeing（存在）が現れます。たとえ、職場の人たちとであっても、居酒屋では日中観察されていた現場に対してひどく文句を言っているかもしれません。

しかし、ＩＤＥＯ社といったハイレベルのデザイン思考実践者は、観察の中でbeing（存在）のわずかな揺らぎを見分けたり、そこに現れてこないbeing（存在）を想定し、新たな観察を加えることができます。さらに、その観察結果からユーザーのbeing（存在）を抽象化させ、そこに組織や個人で蓄積してきた過去の他のユーザーの分析結果や社会や文化的な情報を加えることで、コンテクスト依存性を排除することができます。よって、熟練すればデザイン思考でも新たな意味を生成することは、十分可能です。実際のところ、優れたデザイナーは、「自分はＩＤＥＯ社のデザイン思考をやっている」や「今は、インサイドアウトをやっている」なんて考えません。両者を自然とやっています。このようにプロセスをモデル化し、モデル同士の比較をして、あーだーこーだ言うのは本書のような経営学の悪いところだとも言えるでしょう。

優れたデザイナーになるためには大変な苦労が必要なように、このようなデザイン思考熟練者になるにも大変な苦労が必要であることを理解しなければなりません。本を読んで、一度実行すればうまくいくと思ってはいけません。最悪なパターンは、一度うまくいかなかったからといって、そこでやめてしまうことです。一回でうまくいかないことは明らかなので、やるなら失敗を繰り返す覚悟を持ち、継続すること、一回で止めるような覚悟であればそもそもやらないという選択も重要だと思います。

一方で、意味の革新を求めるときは、そもそも価値の判断軸が明確になっていません。つまり、誰がどのような文脈で、どのような機能を使うのかがわかっていないことを意味します。では、このような状態で、さらにデザイン思考に熟練していない場合は、どうやって新たな意味の生成プロセスを始めればよいのでしょうか。ユーザーのコンテクストを決定できないため、エスノグラフィーも現実的ではありません。なぜなら、人々の生活に二十四時間張り付くことは不可能だからです。そこで、その手法として提案された手法が、自分から始めてみるというベルガンティのインサイドアウト（内から外への）プロセスです。自分を対象とするなら二十四時間エスノグラフィーをやることだって可能ですよね。たとえば、自分で自分をビデオカメラで撮影し続けて、自分でそれを見て分析しても、倫理上何の問題もないでしょう。

しかしながら、それを強制されるのであれば、当然問題ではあります。インサイドアウトを強制されることによるハラスメントなんてものが出てくるのかもしれない、ということを本書ではあらかじめ指摘しておきます。なぜなら、本書がそのようなハラスメントの発生のきっかけになるかもしれないからです。そのようにならないようにすることもデザインマネジメントの一つなのかもしれません。これも、これまで述べてきたライフポリティクス時代のリスクの一つと言えるでしょう。

【注】

［1］『「ワーク・ライフ・バランス」推進の基本的方向報告』（平成19年7月　男女共同参画会議　仕事と生活の調

和（ワーク・ライフ・バランス）に関する専門調査会）
［2］『「子供と家族を応援する日本」重点戦略検討会議各分科会における「議論の整理」およびこれを踏まえた「重点戦略策定に向けての基本的考え方」について（中間報告）』（平成19年6月「子供と家族を応援する日本」重点戦略検討会議）

6章　属人性を発揮するためのプロセス

6-1　内を見ること

6-1-1　プロジェクトとは何か

さて、ここでプロジェクトについて考えてみましょう。プロジェクトという言葉は企業に限らず、人々の生活のあらゆる場面で使用される言葉です。それゆえに、さまざまな定義が存在するとは思いますが、共通点として〝何か（モノ／コト）〟を〝誰か〟と〝ある一定の期間〟で〝つくる〟一連の流れであることは納得していただけるかと思います。

次に、「プロジェクト」という言葉の意味を考えてみましょう。この意味の一つに、「投影する」という意味があります。たとえば、影絵を考えてみてください（影絵というメタファーを使ってプロジェクトを考える)。対象物に光を投影することで、スクリーンに影、つまり像が投影されます。この像は、投影する光の角度を変えると、同じモノであるにもかかわらず、異なる像が映し出されます。新しい意味を生成するためのプロジェクトはまさにこの影絵のイメージです。3章の、ヤンキーキャンドル社の事例を思い出してください。同じキャンドルが、投影される光の角度が変化したために、映し出された像、つまり意味が変わったということです。

映し出す対象物が製品で、映し出された像が意味であるということははっきりとしました。それでは、投影される角度の異なる光とはいったい何なのでしょうか。まさに、これが人々のユニークな視点、つまりビジョンなのです。意味を生成するためのプロジェクトでは、今までの組織の支配的な視点からは映らなかった像を映し出すために、参加する人々のビジョンを出すということです。プロジェクトでは、社長直下のプロジェクトといったように、大きな権限を組織的に与えられることがあります。そうでもしないと、参加する人々は、組織の支配的な視点を潰してでも自分のビジョンを出すことはできないでしょう。要は、直属の上司が支配的な視点を持っていた場合、そこから逃れられるということです。

では、価値を扱うときのプロジェクトとは、どのようなものでしょうか。価値を扱うプロジェクトでは、意味が固定されているため、映し出される像も固定されています。これは、投影される光の角度の変化が問われない、つまり人々のビジョンが必要ないことを意味します。ここまで述べてきたように、価値を扱うプロジェクトではオーバー・アイデンティフィケーションの状態に陥っていても問題ありません。

価値を扱っているにもかかわらず、プロジェクトに参加する人々が「この価値に何の意味があるのですか？」や「このプロジェクトに何の意味があるのですか？」と聞いてきたら、プロジェクトは進みませんよね。そのため、価値の革新のみを扱う組織に所属することに慣れてくると、だんだん「会社が決めたことだから、意味を問うても仕方がないか。」というように、自分の価値観やゴール（ユニークな視点）から自社の製品に自分の望む角度から光を当てることを止めるのです。そして、その価値の向上を達成するために、猪突猛進で働くようになります。これが、意味を問うことをやめることによってオーバー・アイデンティフィケーションが進んでいくプロセスです。

6-1-2　プロジェクトは「何」ではなく「誰」

デザインプロジェクトでは、プロジェクトの質が製品の質を決定するという考え方があります（八重樫ほか 2017）。これはプロジェクトにどのような人々が参加するか、そしてどのようにプロジェクトが進行していくかによって、その後の製品の質が決まることを意味しています。

ここで、「どのような人々が参加するか」という問いを、物理的に異なる人々として想定する必要はありません。なぜなら、実際の企業活動では、組織内にいる人々は有限ですし、無条件に参加させる人々を選択できるわけではないからです。そこで、ここまで述べてきたように、社会的アイデンティティを考えましょう。一人の人間であっても、社会的アイデンティティは多様であり、内面化した価値やゴールも多様です。よって、「どのような人々が参加するか」という問いを「組織内の人々のどのような社会的アイデンティティが参加するか」と捉えることで、組織内のマネジメントの問題であると理解いただけるでしょう。

それに対して、多くの日本の製造業で品質は技術力の高さで決まるとよく考えられます。このような前提では、人々の解釈は問われません。そして、そのプロジェクトでは、たとえば技術の標準化やデザインレビューのシステムを通して、そこに参加する人々の誰が抜けても高い品質が実現されるようにマネジメントされています。たとえば、エンジニアの立場からすると、部品の標準化が進めば進むほど、その部品をプロジェクトで採用する意味を問われなくなります。逆に、新規部品を採用しようとするものなら、品質部門や調達部門から「なぜ、標準部品を採用しないのか?」と多大なプレッシャーをかけられるでしょう。そして、その部品の採用理由を正当化しなければなりません。

一方で、デザインドリブンな企業のデザインプロジェクトでは、意味が問われます。それゆえに、そこに参加する人々の解釈が後の品質に関わるのです。だからこそ、〝誰(どの社会的アイデンティティ)〟にプロジェクトに参加させるのかが重要となるのです。そのような企業では技術の標準化が重視されないということではありませんが、特にB2C産業のデザインドリブンな企業ほど標準化を気にしません。標準化がされないとコストアップすると思うかもしれませんが、デザインドリブンな企業で働く人ならこう答えます。「コストアップした分、値段を高くすればよいではないか」と。シンプルです。

クリッペンドルフも同様にプロジェクトの重要性を指摘しています(Krippendorff 2005)。彼は、デザインが伝統的なモノから、その対象をプロジェクト、さらにディスコースに拡張させてきたこと

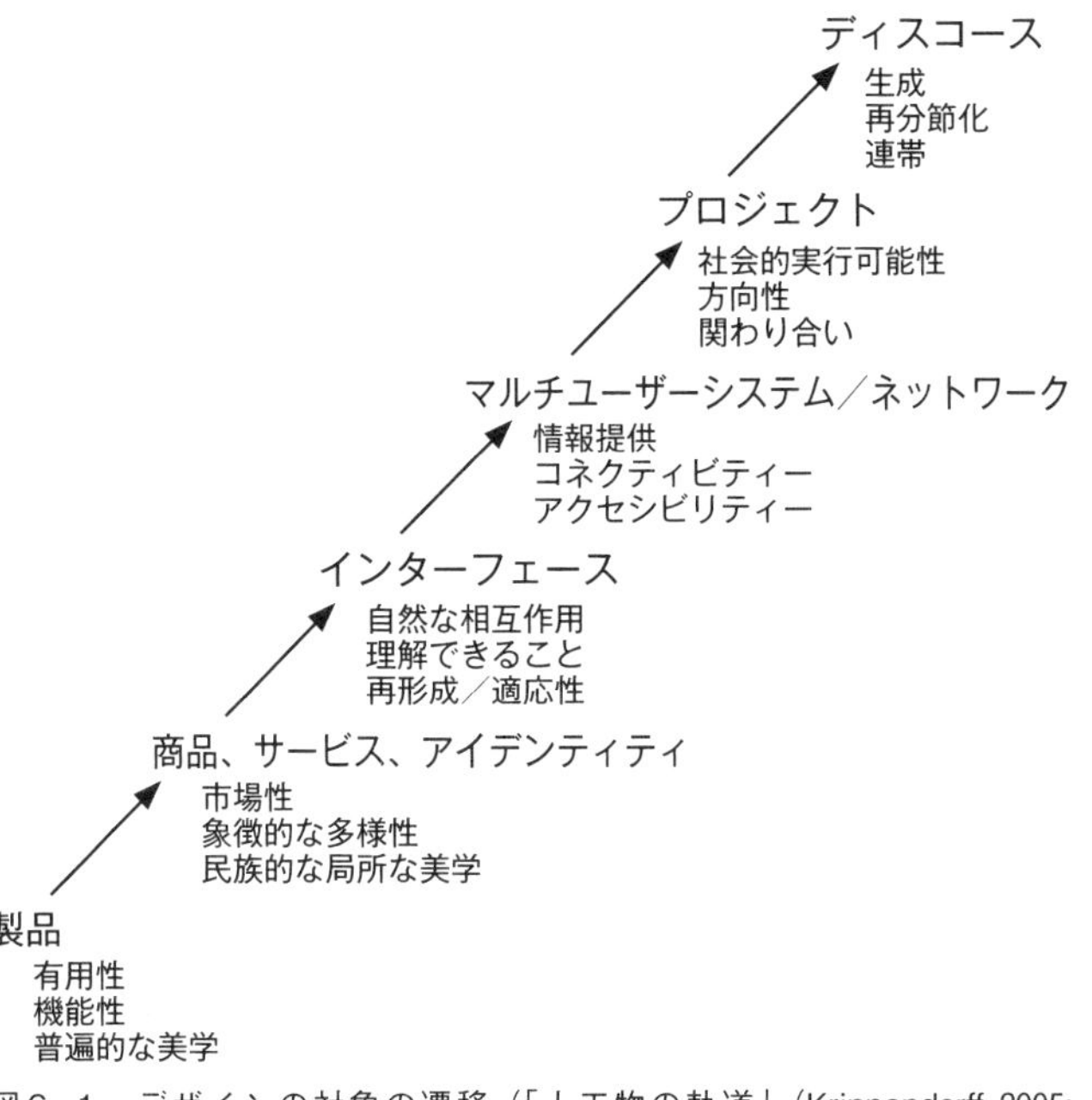

図6－1　デザインの対象の遷移（「人工物の軌道」（Krippendorff 2005: p. 6; 訳書 2009: p. 7）より、一部日本語訳を修正し筆者作成）

を図6-1のようにまとめました。

プロジェクトはデザイナーの一存で、デザインされるようなものではなく、デザイナーはプロジェクトを始めることができますが、完全にコントロールすることはできません。そこでデザイナーができることは、プロジェクトが進む方向の示唆と、ステークホルダーにその意義を理解させるための機会を生み出し、プロジェクトのためのリソース、つまりプロジェクトに参加する人々を引き出すことになります。

そして、デザインの対象は「ディスコース」に至ります。ディスコースとは「組織化された話し方、書き方、しかるべき行動の仕方」

（Krippendorff 2005; 訳書 2009: p. 12）を意味します。意味は、プロジェクトに参加する人々のコミュニケーション、つまり話し方の結果として生成されるものです。それゆえに、プロジェクトでは参加する人々の話し方がプロジェクトを創り上げます。以上より、誰がプロジェクトに参加し、そのプロジェクトの中でどのような話し方をするかが重要であることがわかります。

6-1-3 組織からの異化に関する研究

ここで、学術的な観点から、少し説明を行います。オーバー・アイデンティフィケーションが過度に個人を組織に同化させる一方で、個人のアイデンティティが強く組織アイデンティティの同化を妨げるアイデンティフィケーションについて知見が蓄積されてきました。その中で、ここでは組織ディス・アイデンティフィケーションとアンビバレント・アイデンティフィケーションを取り上げます（Kreiner and Ashforth 2004）。

組織ディス・アイデンティフィケーションは、組織に対して低レベルの同化しかせず、組織に対してネガティブな感情を保有し、批判や方針に反対するような行動をとる状態を指します（Elsbach and Bhattacharaya 2001）。つまり、being（存在）として組織とは意図的に異なる立場をとることで、それに伴い knowing（知識）や acting（行動）が組織の意に反するものとなることを意味します。これは、組織の価値観やゴールとは異なる新たなアイデアを提案する存在にもなりうるという可能性を秘めています（Kreiner and Ashforth 2004）。

このような人々は必ず組織にいるのではないでしょうか。組織の価値観やゴールを内面化せず、上司には秘密で自分が作りたいものを開発し、企業の意図に反してヒット商品を生んでしまうというような事例もよくありますね。ある意味、ベルガンティが提案した意味のイノベーションのためのインサイドアウト・プロセスは、このようなプロセスを公式に行えるようなマネジメント手法なのではないでしょうか。

次に、アンビバレント・アイデンティフィケーションは、組織に対してある一面ではポジティブな感情を持ちながら、同時に相反するネガティブな感情を持ち、組織に対して同化と異化を両面的に行うことを意味します。このようなアイデンティフィケーションを行う個人は、組織の価値観やゴールに反する行動をとらない一方で、与えられたレベルの業務パフォーマンスを超えようとしないことが指摘されています（Kreiner and Ashforth 2004）。

この二つのアイデンティフィケーションのように組織に対して異化はしないが、組織の価値観やゴールを内面化しないアイデンティフィケーションとして、ナルシスティック・アイデンティフィケーションという概念もあります（Galvin et al. 2015）。これは主に経営者を想定しているものですが、経営者が自分自信を表現するための手段として、組織のアイデンティティを利用することを意味しています。それゆえに、組織に対して高いレベルの同化を行いますが、その組織は自分自身の拡張であり、自らの価値観やゴールを達成するために組織を利用することになります。

以上のように、組織への異化を取り扱った既存研究では、組織へアイデンティフィケーションを行わないことはネガティブなことであると捉えられています。ライフポリティクスやプルリバースな社会に企業が対応しようとするのであれば、個人が組織外で保有する価値観やゴールを組織のために使用することが想定されます。そのように考えると、組織への異化は決してネガティブではないはずです。むしろ、インサイドアウト・プロセスは、新たな意味を与えるためにあえて個人を組織へ異化させるためのマネジメント手法と言えるでしょう。

6-1-4　改めてインサイドアウト・プロセスを考える

ベルガンティが提示したインサイドアウトのプロセスは社会構成主義的に考えると、個人の内発的動機、つまり内主観的なアイデアから始めるプロセスです（Verganti 2017）。このプロセスは、図6-2のように、ペアおよびグループでの批判により間主観的アイデアへ昇華させ、解釈者を介した批判とユーザーテストにて集主観的な意味の合意形成への可能性を探索するプロセスとなります。これは、デザイナーがキャリアの中で蓄積してきたある種の知識や経験をもとに独自のアイデアを創出し、そのアイデアをもとにクライアントとの対話の中でリフレーミングを行い、最終的に顧客に提示するプロセスを非デザイナーのイノベーションプロセスに落とし込んだものです。

ライフポリティクスの文脈でこのインサイドアウト・プロセスを考えてみましょう。伝統的な時代では、集主観的な価値観が社会で支配的になっていました。かつての日本企業は、まるで家族のように組織の支配的な価値観のもとで一枚岩になることで、その強さを発揮しました。現代はこの集主観的な価値観が弱体化しており、消費者は内主観的な価値観を主張し、消費者間で共有、共感が起こり、

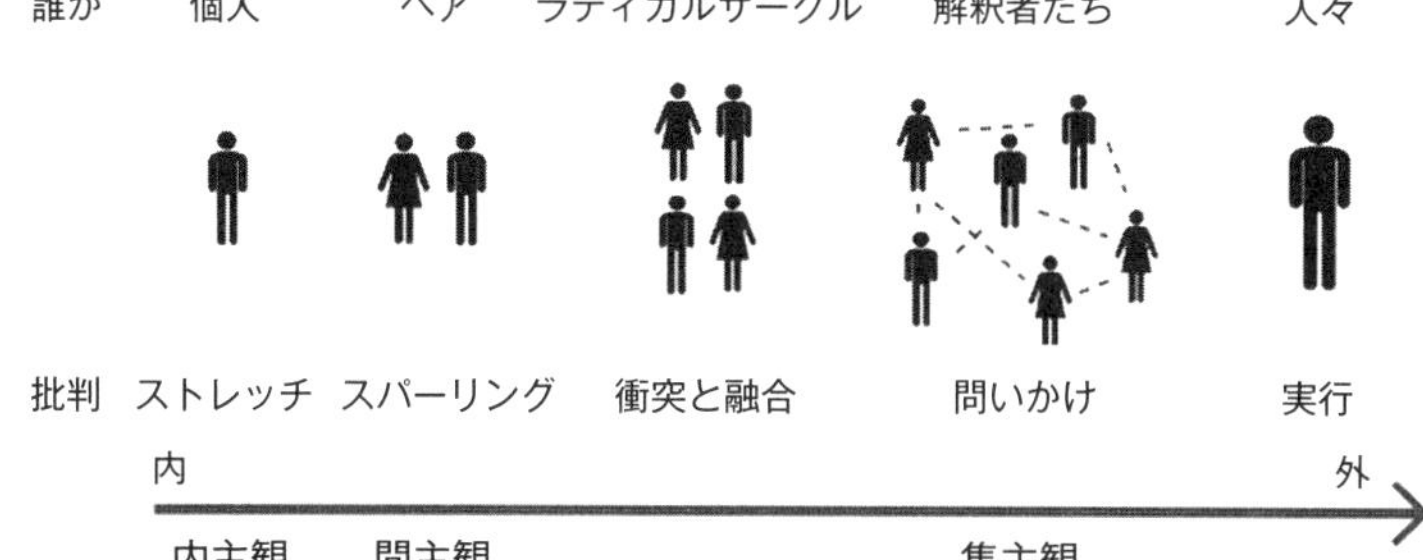

図6-2　インサイドアウトのプロセス（Verganti 2017より筆者作成）

新たな生活スタイルを創造するようになりました。インサイドアウト・プロセスで重要な前提は、組織にいる一人ひとりが日常生活で新たな生活スタイルを創造するための政治的プロセスに参加している消費者であると捉えることです。ここに企業がライフとワークを分断するようなライフ・ワークバランスの施策を実施すべきではない理由があります。組織の中にいる人々はデザイン・ケイパビリティを持つイノベーションの源泉なのです。

このプロセスを改めて組織アイデンティフィケーションの観点から考えてみましょう。インサイドアウトのプロセスは、組織内にいる人々の社会的アイデンティティではなく、組織外の社会的アイデンティティを組織内で顕在化させることから始めます。前述したように、人々は組織内外を含めさまざまな組織にアイデンティフィケーションします。当然、その中にはプライベートの趣味のコミュニティや家族のコミュニティ、友人とのコミュニティが存在します。そして、人々はそれぞれのコミュニティの価値観やゴール、話し方を内面化しています。ベルガンティが親としての立場で製品開発を考えるとどうなるかという問いかけを行っていますが、これに対応するものです。

組織外の人々の社会的アイデンティティは、一人ひとり全く違うものであり、組織はコントロールすることができません。よって、組織外の社会的アイデンティティを顕在化させることにより、企業組織内では今まで考えられなかった価値観やゴールを設定することができるようになるのです。この点は、組織にディス・アイデンティフィケーションを行う人が組織にとってイノベーションにつながる新たな視点を持ち得るという既存研究の指摘が合致します（Kreiner and Ashforth 2004）。

オーバー・アイデンティフィケーションが発生した場合、一人ひとりの組織外の社会的アイデンティティは組織内では消失しますので、インサイドアウト・プロセスは実践できません。ライフとワークを分断したワーク・ライフバランスを実施した場合も、同様に失敗します。なぜなら、そのような組織では組織外の社会的アイデンティティの顕在化は禁止されるからです。社会的アイデンティティは誰もが複数持ちますが、どの社会的アイデンティティを顕在化させるかはその場の状況に合わせて決まります。上司が「君のプライベートには興味がない」と一言放った瞬間、組織外の社会的アイデンティティは顕在化しません。それゆえに、属人性をマネジメントすることが求められるのです。つまり、組織アイデンティフィケーション理論から考えると、インサイドアウトのプロセスには、従業員のさまざまな企業外の社会的アイデンティティが持つ多様な価値観やゴール、話し方を企業内で顕在化させることが含まれるのです。

インサイドアウト・プロセスの次のプロセスはペアによる批判です。ここで気をつけなければならないことは、ベルガンティが強調するように、信頼できるパートナーとスパーリングを実施することです（Verganti 2017）。スパーリングはボクシングで使用される用語ですが、これは相手を倒すことを目的とするのではなく、相手を強くするために批判することを意味しています。インサイドアウト・プロセスの起点で個人の組織外の社会的アイデンティティが顕在化するため、信頼できないパートナーからの批判は組織外の社会的アイデンティティを否定することにつながる可能性があるため、非常に危険を伴います。信頼できるパートナーは、お互いの組織外の社会的アイデンティティを受け入れ、尊敬し合う者同士であることが必要となります。そのため、インサイドアウト・プロセスを実施する前には、このプロセスに参加する者同士が、組織外でどのような社会的アイデンティティを持つのかを共有し、お互いの価値観やゴールを理解し合うことが重要です。

このような点で、心理的安全性という概念が日本でも頻繁に使用されるようになってきました。長い時間をかけて蓄積された個人の社会的アイデンティティの尊重を前提とするからこそ、お互いの目の前に今この瞬間現れたアイデアに対する批判が成立するのです。ある企業の経営幹部の方は、部下の結婚披露宴に参加したときに、自分自身を反省したことがあると述べていました。なぜなら、結婚披露宴には、組織外のさまざまなコミュニティから家族や友人が参加します。その部下は、それぞれのコミュニティごとに組織の中で見たことのない表情や言葉遣いをしていたそうです。それを見て、その経営幹部の方は自分が見てきた部下が、彼のすべてではないということに気づかされ、その後部下に対する態度に変化があったそうです。

現代の日本企業は昔のような家族的意識が薄れつつあります。特に、ワーク・ライフバランスという名のもと、企業と個人のプライベートは分断されています。そのような状況の中、今まで以上に組織外の社会的アイデンティティに対して、組織とその中の人々は真摯に向き合う必要があるでしょう。

ペアワークを通して、個人の主観的なアイデアはペアの間主観的なアイデアに変化します。そのようなアイデアは、一人の社会的アイデンティティに直接つながったアイデアから、抽象化されます。そのため、ラディカルサークルでの批判からは、ペアワークよりもアイデアに対する批判によって個人の社会的アイデンティティが傷つく可能性は低下します。

このプロセスにおいては、起点となる従業員の内発的動機からもたらされるアイデア創出が何よりも重要となります。ベルガンティをはじめとする今までのインサイドアウト・プロセスの研究者は、個人は誰もがビジョンを持ち、独自のアイデアを創出できるという前提を持ってきました。しかしながら、何度も繰り返しますが、オーバー・アイデンティフィケーションの状態に落ちいった企業がこのプロセスを実践するうえで、一つ大きな課題が生じます。

属人性を排除し、集団として強い個性を発揮する傾向がある組織では、組織内においては集主観的な価値観やゴールが優先され、内主観的なアイデアを起点とするプロセスに慣れていません。既存研究が研究対象とした事例では、このような点が議論されてきませんでした。そのような事例の企業では、オーバー・アイデンティフィケーションの問題がなく、内主観的なアイデアを起点とすることに違和感を持たなかった可能性があります。それゆえに、既存のインサイドアウトに関する研究では、集主観的な価値観や規範が優先される組織において個人の内主観的なアイデア発想をどのように促進させるかという点での理論的な議論はほとんど行われてきませんでした。

6-1-5　組織の支配的な集主観からの脱出

属人性が排除され、組織の支配的な価値観やゴールで過度に同一化された組織では、個人の社会的アイデンティティは組織のアイデンティティによって消失されてしまいます（Galvin et al. 2015）。このような状態は、インサイドアウトの起源となる個人の内主観が組織の集主観的な価値観によって支配されてしまいます。その結果、インサイドアウトを実施しても、個人の価値観やゴールに基づいた独自のビジョンは出てきません（Goto et al. 2020）。

その対処として、個人としては二つの対策を実施することが重要となります。一つは外を見ること、そしてもう一つは内を見ることです。優れたデザイナーがなぜ自分の内側から優れたアイデアを出せるかを考えたとき、それを才能という一言で片付けてしまう人がいます。確かにそのような人が一部いることは事実でしょう。しかし実際のところ、ほとんどのデザイナーはキャリアを通して懸命の努力をした結果、多くのワーキング・プリンシプルを獲得します。特に、後述するデザインリサーチをライフとワークを分けずに、日常生活の中から実施しています。そして、デザインの状況で提示された価値にワーキング・プリンシプルを適用しリフレーミングをすることでアイデアを創出します（Dorst 2015）。

デザイナーの仕事が特殊なのは、一人でさまざまな業界でさまざまな製品・サービスの仕事を実施することです。一つの仕事を実施する度に、その業界や企業の歴史、ユーザー、技術などさまざまな

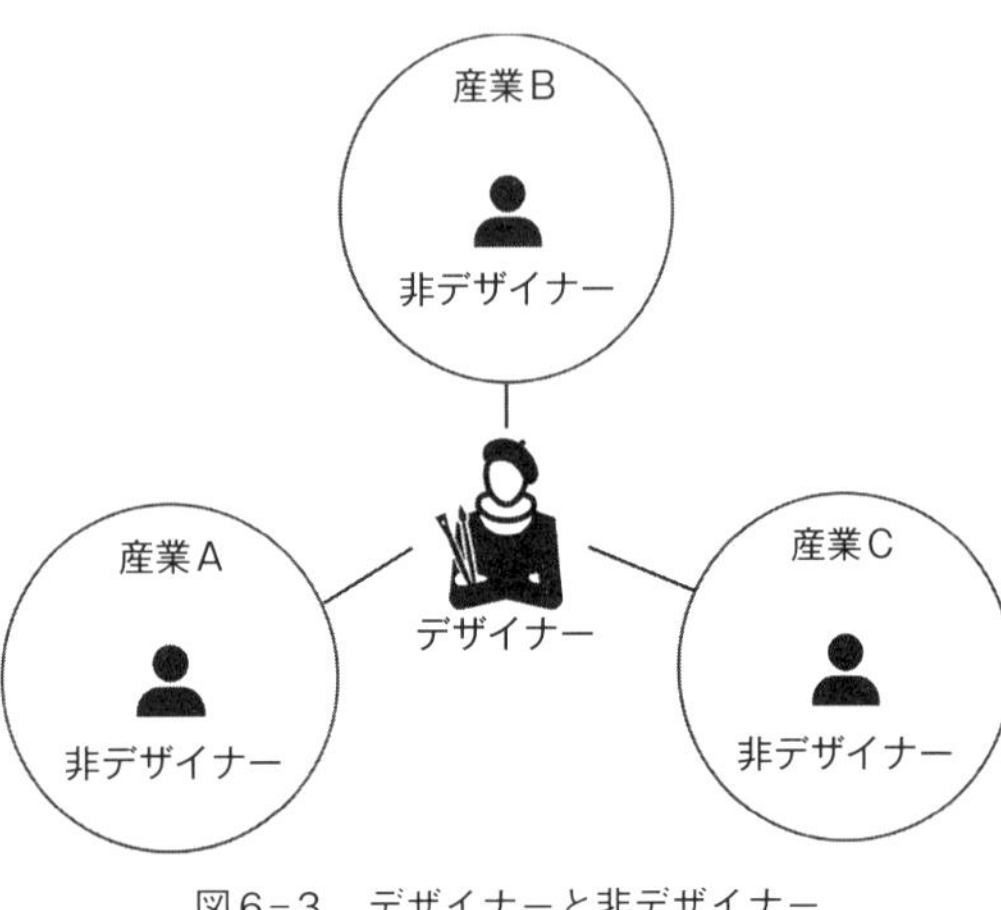

図6−3　デザイナーと非デザイナー

情報を取得し、整理し、合成し、アウトプットを創造します。

たとえば、デザイナーはテクノロジー・ブローカーとしての役割を担ってきました（Hargadon and Sutton 1997）。ある産業では当たり前であった技術が、違う産業では知られていないということはよくあります。テクノロジー・ブローカーはそのような技術を産業間で移転させます。産業横断的に仕事を行うデザイナーだからこそこの役割を担えるのです。そのような産業横断的な経験を積み重ねた結果、さまざまな価値とソリューションが蓄積されてきます。そして、また新たな仕事をするときに、その積み重ねた価値とソリューションから新たなフレームをつくる、つまりリフレーミングを実施することで、自分の内側からアイデアを創造するのです（Dorst 2015）。

このような点について、前章では向井の「専門領域を持たないことがデザインの専門性である」や（向井 2009）、トパリアンの「接着剤」としてのデザインマネジメントスキルを紹介しました（Topalian 2002）。

一方で、非デザイナーの仕事は通常産業依存的です。その産業や組織に依存するユーザーを徹底的に調査し、産業で先端的な技術を開発し、製品・サービスを提供します。それゆえに、デザイナーと非デザイナーの間では、外を見て得られる社会文化モデルについての情報量に格段の差があるのです。特にエンジニアは、専門知識の体系化が進んでおり、専門外の知識を取得することが困難だと指摘されています（Wolmarans 2016）。また、オーバー・アイデンティフィケーションに陥った組織の中にいる人たちは、ますます組織内の情報に縛られてしまいます（Avanzi et al. 2012）。

近年、日本でも副業が徐々に認められるようになってきました。また、企業に属しながらも、他の企業へインターンをする仕組みがサービスとして広まってきています。このような取り組みは、産業依存的な業務に従事している人にとって、他産業の情報を取得し、ワーキング・プリンシプルを獲得することも可能ですし、企業外の社会的アイデンティティを新たに取得するという意味でも良い手段であると考えます。

また、エンジニアは狭い領域の深い知識を得ることが求められます。この専門知識は支配的なフレームを使った日常的なソリューション開発への創造性は高めるのですが、その一方で専門知識から得られる支配的なフレームに過度に固執してしまい、その結果認知バイアスが発生し、リフレーミングを阻害してしまいます（Dane 2010）。よって、インサイドアウト・プロセスを実践するためには、オーバー・アイデンティフィケーションを緩和するとともに、専門知識に由来するこの支配的なフレームから脱出する何かしらの組織的施策が必要となるのです。

6-2　外を見ること

6-2-1　アウトサイド・インサイドアウト・プロセス

ここで、私たちが提唱するアウトサイド・インサイドアウト・プロセスを紹介します（Goto et al. 2020）。まず、ワーキング・プリンシプルと得られる価値のつながりを意味するフレームを図6-4のように定義します。縦軸は、産業に依存する専門知識か社会文化モデルの知識かを表し、横軸は組織の内か外かを表しています。

第1象限は社会文化モデルの専門知識を持った、組織の外側にいる人たちの持つ解釈者フレームを意味します。解釈者は、デザイン・ディスコースを形成し、社会で人々が求める価値およびそれを実現するためのソリューションを分析する専門家です。このような人に該当するのは、たとえば人文社会科学を研究する大学の研究者や、文化生産に携わる専門家、メディアなどデザイン・ディスコースの中にいる解釈者が該当します。彼らは常に社会文化モデルを観察し、新たな社会文化モデルの生産を本業とします。

第2象限は、社会文化モデルの知識を持つ、組織内の人々の内発的フレームを指しています。組織内の人々は組織にアイデンティフィケーションしながらも、組織外のさまざまなコミュニティに所属し、ライフポリティクスに参加する生活者でもあります。生活者は社会文化モデルを構成する構成員であり、社会文化モデルを日々再生産するプロフェッショナルでもあります。自分が生活者として、社会的アイデンティティに沿ってどのような価値やゴールを持つのか、さらにそれを日常生活の中でどのようなソリューションを用いるのかに関して最も知ることができる可能性を持つのは自分でしょう。誰もが生活の中でその人にしかできない経験を積み、そこからある種の知識を蓄積・活用できる状態なのです。つまり、誰もが日常生活の中でガイディング・プリンシプルを保有し、これが内発的フレームの基礎となります。

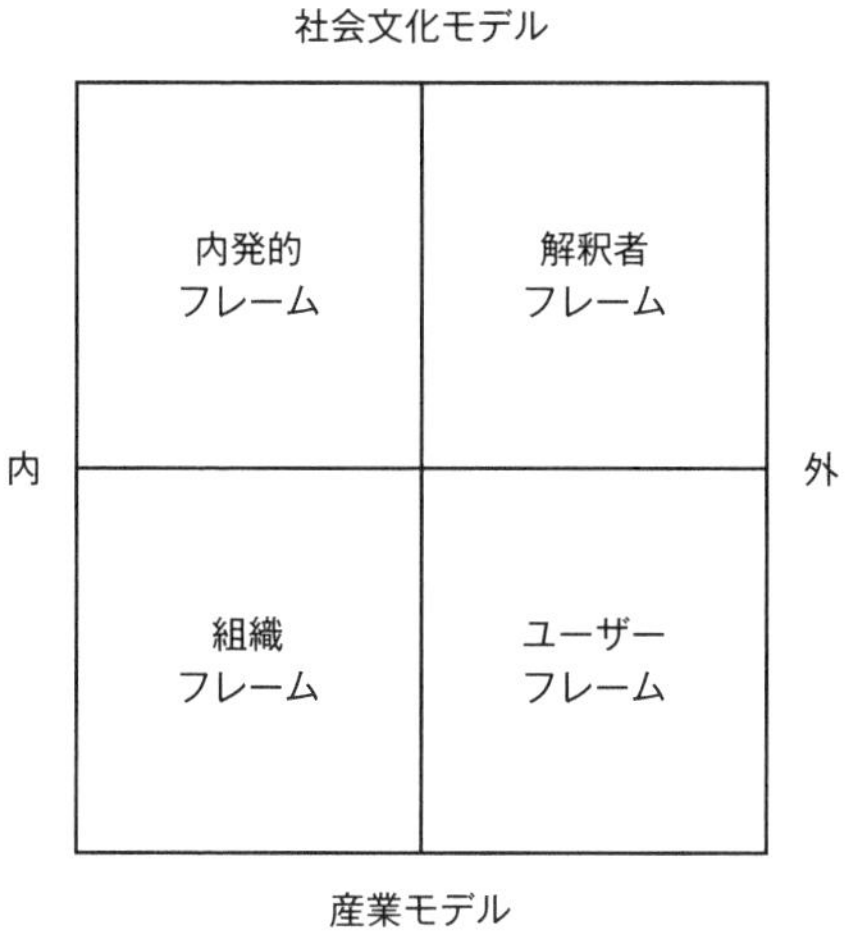

社会文化モデル

内発的 フレーム	解釈者 フレーム
組織 フレーム	ユーザー フレーム

内　外

産業モデル

図6-4　フレームマップ

第3象限は、組織内にいる特定の産業の専門知識を持った人々の組織フレームです。組織は、特定の産業内で組織の価値観やゴール、蓄積してきた過去のユーザーのニーズに基づいたソリューションを提供し続けます。専門知識から得られる支配的なフレームに過度に固執してしまうのは、このフレームです。これも第2象限と同様に組織内の人々が持つフレームです。つまり、組織内の人々は内発的フレームと組織フレームの両者を保有するということです。人々は組織の外では、社会文化モデルの再生産に関わりますが、組織の中では専門知識を持ち、ソリューションを創造する組織の構成員です。

最後に第4象限は、自社の産業の専門知識を持った組織の外部の人々、つまりユーザーが持つユーザーフレームになります。これはＩＤＥＯ社発の「デザイン思考」によって注目されてきたユーザー中心の視点で用いられるフレームです。これは、ユーザーを観察して得られる本質的な価値と、ユーザーの生活に沿ったソリューションの組み合わせとして定義されます。

ＩＤＥＯ社発のデザイン思考は、過去の組織の経験から蓄積された組織フレームへの固執による認知的バイアスを緩和するために、ユーザーフレームを獲得しようとするプロセスです（Liedtka 2015）。ユーザーを観察し、その現場でユーザーが持つ価値観とそこで適用されるソリューションを理解し、それに基づいて新たな製品・サービスを創出します。この手法も組織フレームへの固執から脱却するには良い手法なのですが、結局産業内の専門知識からは離れないために、ラディカルなアイデアの創造につながりにくく、インクリメンタルな問題解決に陥りやすいことが指摘されています（Norman and Verganti 2014）。それに対して、インサイドアウト・プロセスでは、組織フレームから内発的フレームへの移行を狙います。しかしながら、上述したようにこの内発的フレームへの移行が容易ではない場合があるのです。

ここで、ユーザー中心主義と人間中心主義に関して、本書の立ち位置を改めて整理しておきます。この両者は使用する人によって定義がバラバラで、あるときは違う概念、あるときは全く同じ概念を意味する場合もあります。本書では、この二つの概念を全く違うものとして取り扱います。まず、ユーザー中心主義はユーザーがいること、つまりすでに製品・サービスが存在することを前提とします。

そのため、ユーザー中心主義は対象とする製品・サービスを使用している人々とその現場に焦点を当て、その情報をもとに新製品・サービスを開発します。

一方で、人間中心主義はまだユーザーがいないことを前提とします。過去に存在しない全く新しい製品・サービス開発を狙うのであれば、参照すべきユーザーが存在しないケースは多々あります。そのような場合は、人々を観察し、その人々が何を愛し、何を求めているかを知る必要があります。ユーザー中心主義では、ユーザーがすでにある製品・サービスを使用する文脈が限られるので、情報量が限定されます。一方で、人間中心主義ではそもそもどの文脈に焦点を当てるべきかというメタ的な分析が必要となるため、分析すべき情報量が非常に多くなります。

このような前提で考えると、ユーザーフレームはある特定の製品・サービスを使用する文脈に限った人々のフレームと定義することができます。組織フレームへの固執を緩和するために、もう一つの組織外のフレームである解釈者フレームを獲得することが有効なのですが、この解釈者フレームは人間中心主義を前提とするため、非常にその調査の難易度は上がります。この調査手法はさまざまありますが、総じてデザインリサーチと呼ばれます。

6-2-2　デザインリサーチ

図6-5はイタリアのデザインプロセスをモデル化したものです。縦軸が具体化/抽象化を、横軸が知見を得ること/実践を表しています。具体化および知見を得ることにあたる活動がデザインリサ

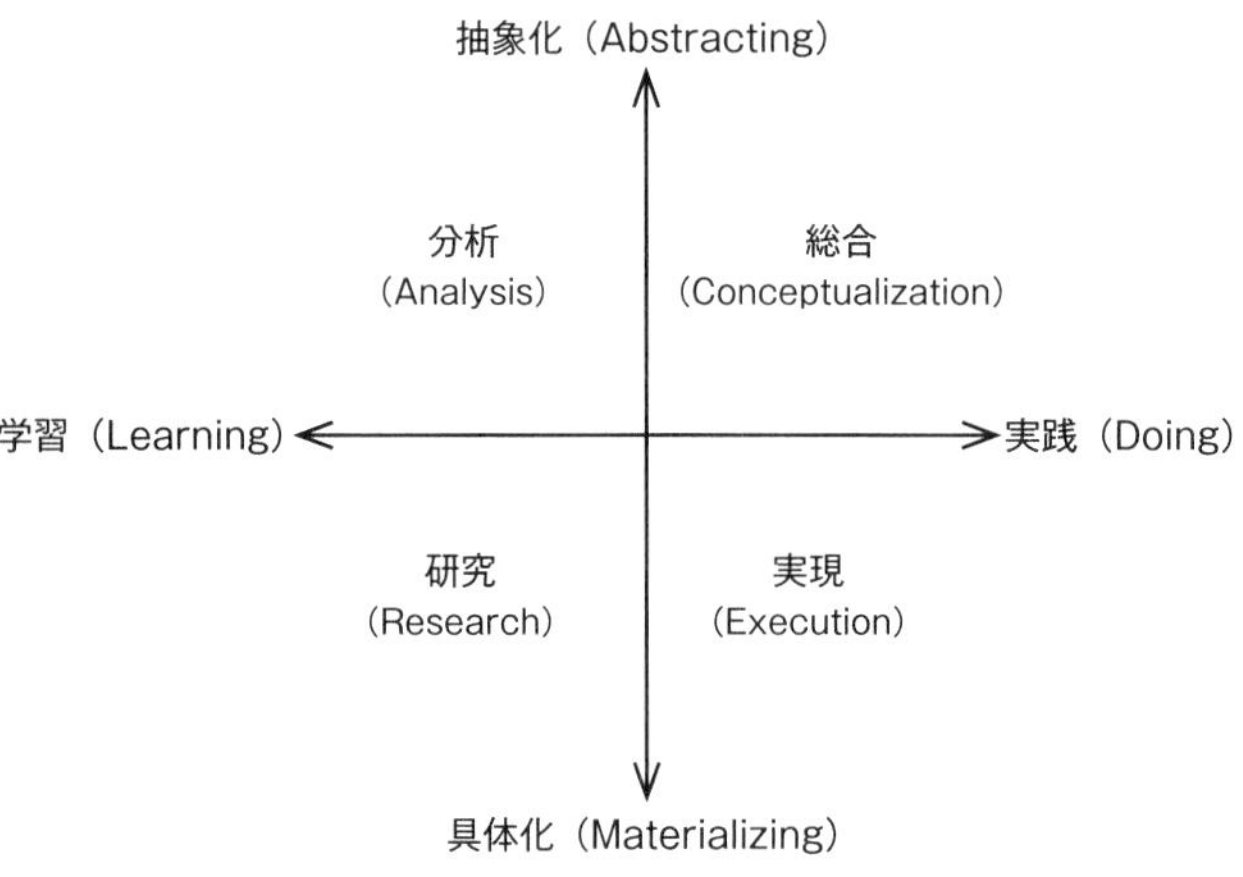

図6-5　RACEモデル（Cautela 2007: p. 86より筆者作成）

ーチになります。デザインリサーチとは、図6-4の第3象限にあたる社会文化モデル（具体的な社会や人々の事象）に関する知見を得ることを意味します（Cautela 2007）。デザインリサーチで得た社会文化モデルの知識を分析することで、知識間のつながりを明らかにし、社会文化モデルの抽象的なストーリーをつくります。次に実践プロセスでは、そのストーリーに基づいて製品／サービスの抽象的なコンセプトを開発します。そして、そのコンセプトに沿って具体的なプロトタイプをつくるという一連の流れがＲＡＣＥ（Research/Analysis/Conceptualization/Execution）モデルと定義されています（Cautela 2007）。

では、デザインリサーチの調査対象である社会文化モデルとは何を意味するのかを実践的な視点から考えてみましょう。シンプルに考えると、技術も含めた社会と文化という人々の日常生活の解釈に影響を与える構造的要因を言語や図式を用いて可視化したものです。人々は生活の中で言葉にすることなくなんとなく影響を受けていることがあります。本書は日本語の構造的なルールによって記述されていますが、別に「日本語の構造的なルールに沿って書くぞ！」と意識は全くしていません。

さらに、社会文化モデルは人々が行動することによって再生産されます。日本語の例で言うと、本書が日本語の構造的なルールによって執筆されていることから、読者がこの本を読んで日本語の構造的なルールを改めて確認することになります。そして同時にその構造的なルールを後世に伝えることに貢献していることになる、ということです。しかし、もしここで日本語のルールにない全く新しい文法や表現を使用するとどうなるでしょうか。日本語の構造的なルールが変化する可能性があります（ポエムはこの言語の構造的なルールの変化を意図的に仕掛けます）。

また、別の例を考えてみましょう。本書はデザイン論やイノベーション論といった学術的に体系的に蓄積された知見を用いて執筆されています。決して、筆者らが好き勝手に記述しているわけではありません。研究者は学術界に存在する体系化された構造的な知識に影響を受け、文章を記述します。その一方で、本書が執筆されることで、構造的な知識は再生産されます。この本を執筆した著者らは、執筆しながらもその内容自体について内省し、構造的な知識を改めて認識し直します。知識をアウトプットすることで、知識が整理されていくということです。

しかしながら、本書には筆者らが懸命に努力し、明らかにした新しい知識も少しばかり取り入れられています。これにより、単純に過去の構造的な知識が再生産されただけでなく、少しばかり構造的な知識の変化に貢献することができました。読者の皆さんはこの本に記載された構造的な知識を獲得し、同僚や友人、家族に伝えることで、構造的な知識を確固たるものとして固めていただくアクターの一人になることが期待されています。そして、その過程で皆さんの独自の解釈を込めて、新たな構造的要因を生み出すことも同時に期待されています。デザインリサーチとは、このように人々のものごとの解釈に影響を与えている多種多様な構造的な要因を調べることです。

社会的要因には、公式的な法律や制度もあれば、非公式的なモラルや暗黙的ルールなどもあり、またここに技術的要因も含まれます。文化的要因は、国の文化といったようにすでに確立されているものもあれば、現在進行形で形成される新たな文化もあります。社会的要因や文化的要因を正確に定義することは、本書の範疇を超えているため深入りはしませんが、いずれにせよ、何かしら人々の生活に影響を与えている何かです。実践的には、次のようなフレーズを理解しておけばよいでしょう。

What makes people do/think so?（何が人々にそうさせるのか／考えさせるのか?）

この表現を理解しておくことは、実は非常に重要です。この文章は無生物主語になっていることが鍵です。その一方で、次のように考えてはいけません。

Why do people do/think so?（なぜ人々はそうするのか／考えるのか?）

この文章では、ある行動の責任が人々に向かっています。一方、前の文章は、人々は〝何かに影響されてそのようにした〟と考え、人々に責任を負わせません。人々が〝自分でやったのか〟、それとも〝何かにやらされたのか〟ではなく、さまざまな要因を受ける中で〝自ずとその中のプロセスにいた〟のです。本書を日本語で執筆したのは、筆者らが〝自ずと日本に住むプロセスの中にいた〟からです。日本語で執筆したことの責任を問われても、筆者らにはどうしようもありません。

一方で、国際ジャーナルに投稿するときには英語で執筆します。なぜなら、国際ジャーナルでは英語で書くことが決まっているからです。だからと言って、〝書かされている〟わけではなく、自分の意思で英語を使って執筆しています。つまり、筆者は〝自ずと英語で執筆するプロセスの中にいただけ〟です。研究者になったときには、もうそうなるように社会は決まっていました。

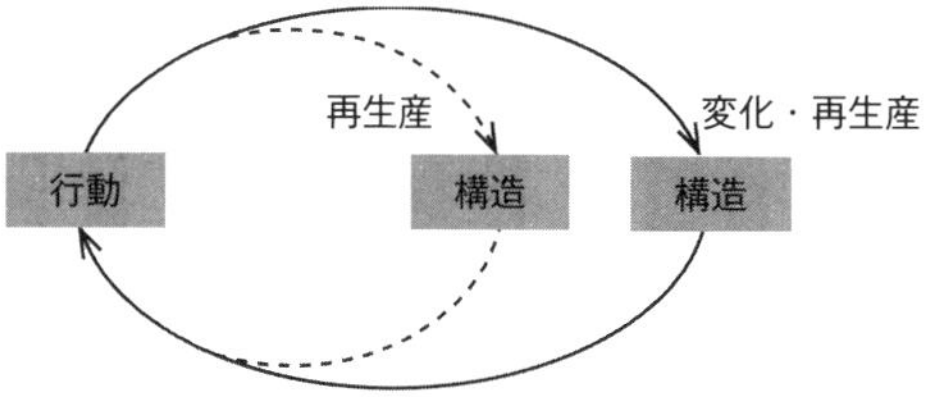

図6-6　行動と構造の二重性

人々の生活でのさまざまな場面で起こる行動は実際このような感覚ではないでしょうか。このような考え方は中動態と言われます（國分 2017）。社会文化モデルの調査をするにあたって、人々に責任を追及する姿勢を持っていると、調査対象の焦点が人々に当たってしまいます。だからと言って、受動態的に〝やらされた〟と考えると、人々の行動の可能性を完全に無視してしまいます。中動態的に考えるということは、人々は自分で主体的に行動を起こせる存在であるが、さまざまな要因に影響されながらそのプロセスの中にいるということを表します。

実は、このような考え方はライフポリティクスを提唱するギデンズの構造の二重性と共通するところがあります（Giddens 1984）。ギデンズは、社会

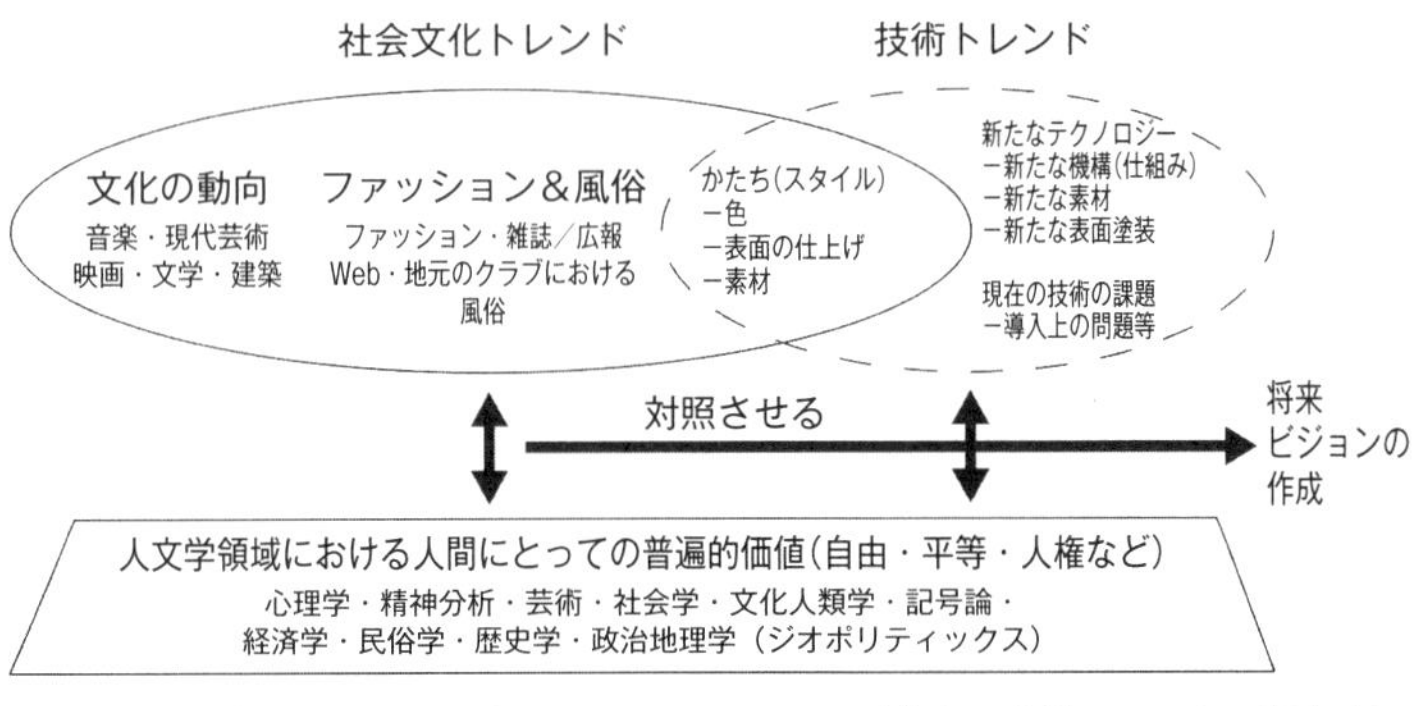

図6−7　ブルースカイ／ビジョナリーリサーチ（小山・若林 2021 を一部改変）

は人々の行動によって決まる、または人々は社会的要因によって行動させられるという二項対立的な考え方を止め、人々は社会的要因によって行動させられるが、同時に人々は自らの行動で社会的要因を再生産するという考え方を提示しました（図6−6）。人々が〝やる〟か〝やらされる〟か、と二項対立的に捉えるのではなく、〝やらされながらもそのやらされる要因を自ら再生産するもしくは変化させることができる〟と考えます。本書が既存の構造的な知識を再生産するだけでなく、筆者らの強い意志により、ほんのちょっとだけ変化を加えることができることはすでに述べたとおりです。

たとえば、このような例を考えると理解しやすいでしょう。公園にゴミ箱があったとします。それにもかかわらず、ゴミは公園にポイ捨てされています。ここで、公園内にゴミのポイ捨てを減らすためにポスターを作成し、掲示することにしました。さて、もしゴミのポイ捨てを行った人に責任があると考えると、そのポスターには「ゴミを捨てるな！」と記載されるでしょう。しかしながら、ゴミを捨てた人には何か裏に構造的要因があって、それに影響を受けてポイ捨てをしてしまったと考えると、ポイ捨てした人には責任が向きません。

さて、このような場合、皆さんはどのようなポスターを作成するでしょうか。そのパターンは無数にありますが、「ゴミを捨てるな！」とだけは記載しないのではないでしょうか。優れたデザイナーには問題の本質を捉えようとすることや、人々を楽しませようとするデザイン態度があります。ゴミのポイ捨ての例で考えると、ポイ捨てをさせる本質的な構造的要因を理解し、ゴミ箱に捨てることが楽しくなるような構造的要因をつくり出し、自ずと誰もがポイ捨てをしないという選択をすることが優れたデザインでしょう。デザインリサーチとは、人々に新たなものごとの解釈をしてもらう新たな構造的要因をつくり出すために、現状の構造的要因を分析することと考えることができます。

デザインリサーチの具体的な手法としては、エスノグラフィーやブルースカイリサーチなどがあります（Cautela 2007）。エスノグラフィーは文化人類学で用いられる調査手法で、調査者が観察対象者の日常生活に入り込み、対象者を深く理解しようとする手法です。ブルースカイリサーチとは、ビジョナリーリサーチとも呼ばれ、図6-7のようなさまざまな要因、特定の目的を持たずに広く社会を理解するための調査手法です（小山・若林 2021）。他にも有名なもので言うと、PEST（政治・経済・社会・技術）分析など、たくさん実践的な手法はありますが、その手法を説明することは本書の範疇を超えるため、他の著書に任せるとします（たとえば、木浦 2020）。次節では、意味のイノベーション研究の文脈でデザインリサーチがどのように捉えられているかを紹介していきます。

6-2-3　デザインリサーチと複雑系

ここで意味の革新を目指すか、価値の革新を目指すかによってもデザインリサーチの範囲は大きく変わることを知っておかなければなりません。前述したように、価値の革新を目指す場合はその価値がすでに存在していて、価値の判断軸が明確になっていることが前提となります。

価値の判断軸が明確であるということは、誰がどのような文脈で、どのような機能を使うのかが明確であることを意味します。そのため、価値の革新を目指すときのデザインリサーチは、特定のユーザーの特定の使用状況を調査すればよいのです。この場合、エスノグラフィーやアンケート／インタビューによる調査が適したリサーチ手法となります。意味の革新で求められる人間中心主義とは違い、価値の革新はある特定のユーザーの特定の文脈という単純系の調査でよいのです。

意味の革新を求めるときは、デザインリサーチを始める時点で、そもそも価値の判断軸が明確になっていません。つまり、誰がどのような文脈で、どのような機能を使うのかがわかっている単純系ではない、つまり複雑系であるということを意味します。それゆえに、ブルースカイ／ビジョナリーリサーチの手法を用いて、社会の複雑な構造的要因を複雑なまま記述し、理解することが重要となります。

ノーマンは、著書『複雑さと共に暮らす』の中で、複雑なものと混乱しているものを区別しなければならないと述べています（Norman 2010）。社会は複雑で、混乱するのは複雑な社会を解釈する人です。社会が混乱しているわけではありません。デザインリサーチの時点で、社会の複雑さに直面した結果、混乱してしまい、社会を単純化して理解すると、そこで情報量が極端に減少します。新しい製品をつくるうえでの起点となる社会や人々を単純化すると、当然それを受けて行うその後のプロセスはうまくいきません。

このようなことは、新規アイデア開発の現場ではよく起こります。都合の良いよう単純化した社会文化モデルを設定し、それに基づいて製品を考えるのですが、そもそももとのモデルがチープなため、その後のすべてのアイデアがチープになるという状況です。複雑なものは複雑なのです。複雑なものを複雑なまま理解するということに慣れれば、混乱することはありません。

たとえば、デザインリサーチで社会の複雑さの描写として使用される方法論の一つにアクターネットワークがあります（Latour 2005）。アクターネットワークとは、人やモノ、社会文化モデルで特定された要因など、実体があるかないかを問わず、影響し合うものをすべて同じレベルのアクターとして捉え、アクター間の相互作用を記述する方法です。つまり、人間をこの社会をつくり出す特別な存在として記述しません。人間は確かに何かモノをつくり出します。その一方で、人間は作られたものによって行動を変えられます。このように人間はデザインしたモノコトによって、人間自身がデザインされ返すのです（上平 2020）。

アクターネットワークは、複雑な関係性をネットワーク図のように記述します。人間中心主義のデザインリサーチでは、その複雑な社会を複雑なまま理解しなければなりません。人間中心主義は人間中心と言っているにもかかわらず、実際は人間を特別な存在として考えないという面白い矛盾を抱えています。

余談ではありますが、近年はカーネギーメロン大学が提唱するトランジション・デザインのように、アクターに生態系を含む自然環境までもを含める考え方もあります。たとえば、蜂の行動は人間のデザインしたものによりどのように影響され、また人間は蜂の行動によりどのような影響を受けているのかなど、生態系から見える関係性も複雑系のネットワークに取り入れます。たとえば、果樹の受粉プロセス等を考えると、その必要性が理解いただけるでしょう。

それでは、人に限定した場合でもどれだけ複雑なのかを考えてみましょう。本書で何度も言及するように、人は一人ひとり社会的アイデンティティを同時にいくつも持ち、それぞれに異なる価値観やゴールを内面化します（Ashforth and Mael 1989）。それゆえに、一人の人がある特定の事象に対して状況によって異なる解釈をすることが当然のように起こります。たとえ、それが矛盾したことであってもです。さらに、このような価値観は時間の経過とともに変化することもあります。人々の解釈は共時的にも通時的にも変化するコンテクスト依存的な性質を持ちます。

また、社会構成主義では社会がその人々の解釈する意味によって構成されると考え、社会の最小の構成単位は人と人との相互作用と見なします。つまり、社会を理解しようとすると、一人の人間を理解するだけでは不十分であり、意味を交換し合う二人とその意味の交換の存在を確認する一人の最低限三人以上の相互作用を想定しなければなりません。

6-2-4 デザインリサーチとペルソナ

ここで、デザインリサーチの結果としてRACEモデルでいう分析（analysis）のフェーズでアウトプットするペルソナについて考えます。ペルソナは、自社の製品・サービスを使用する架空のユーザーです。もともとは、デザイン、特にユーザーインターフェースの研究領域でクーパーによって提案された概念です（Cooper 1999）。近年では、マーケティング領域でも頻繁に使用されます。

マーケティングでは、一般的にペルソナは自社の顧客データから導かれた特徴的なユーザー像として使用されます。近年では、ビッグデータを用いて、精度の高いペルソナをつくり出すことも可能です。しかしながら、このようなペルソナは、あくまで過去のユーザーデータをもとにつくり出すユーザー中心主義的な発想です。デザインリサーチとしても、（厄介な問題ではあるものの）単純系として調査することができます。その一方で、まだユーザーが社会に存在しない場合は、人間中心主義的にペルソナ開発を行わなければなりません。

人間中心主義的ペルソナでは、社会構成主義のスタンスとなるため、社会の最小構成単位は最低三人以上の相互作用として定義する必要があります。それゆえに、ペルソナも最低限三人以上設定すること、さらにそのペルソナ間でどのような相互作用が起こるのかまで言及する必要があります。また、ペルソナがモノごとに対して、どのように解釈し、意味を生み出すかを考えるのであれば、ペルソナの価値観の共時的かつ通時的な変化を想定する必要があります。つまり、意味の革新を目指した人間中心主義的ペルソナを描く場合、デザインリサーチで複雑な社会を複雑なまま理解し、ペルソナ間の相互作用として複雑なままアウトプットしなければならないのです。

このペルソナ間の相互作用として複雑なままアウトプットする方法として、近年注目されているのが物語としてアウトプットするということです。たとえば、アメリカのSci-Futresというコンサルタント企業は、数百名のSF作家を抱え、世界的な企業や団体に物語を提供しています。物語では、複数の登場人物がいろいろな文脈の中で相互作用を起こす現場が鮮やかに描かれます。そこには、一人の人間の葛藤や社会としての矛盾などさまざまな複雑さが現れます。他にも、最近はSF思考という思考方法も生まれています（藤本ほか 2021）。新しい意味は、今まで誰も経験したことのないような文脈の中で製品が使用されることで創造されます。それゆえに、同じ物語であっても、SF作品のように未来のライフスタイルを描いたほうが意味の革新には適しているでしょう。

以上から、意味の革新のための人間中心主義のデザインリサーチがいかに困難であるかは容易に想像ができるでしょう。実際に、経験豊富で優れた成果を残すデザイナーも、新人の頃からすぐにそのような優れた成果を出せるわけではありません。彼らはキャリアを通して、さまざまな業界で仕事を行い、さまざまな事象を理解していく中で社会の複雑性を感覚的に理解します。それゆえに、組織的にデザイン・リサーチの専門部署を設置し、デザイン・リサーチャーを育成すること、もしくは外部のリサーチ会社やSci-Futresのような企業を戦略的に利用することが重要となります。

その一方で、ベルガンティが提唱したインサイドアウト・プロセスは、このプロセスをデザイン・リサーチの専門家でなくても実現できる方法としてまとめたものと捉えることができます。なぜなら、複雑な社会と複雑なペルソナも、そこに自分自身を当てはめてみると、自分より詳しい人は他にいないでしょう。ユーザーのエスノグラフィーではなく、自分自身のエスノグラフィーつまり、自分自身のリフレクションによってデザインリサーチを代替させ、自分の物語を紡ぐことで複雑なアウトプットを実現する方法を提案したのです。これがインサイドアウト・プロセスの起点となる自分の内側を意味します。その一方で、ベルガンティは同時に自分の外側のデザインリサーチの重要性も言及しています。

6-2-5　内と外のデザインリサーチ

ベルガンティは、意味のイノベーションの手法としてインサイドアウト・プロセスを提唱する前に、著書『デザイン・ドリブン・イノベーション』でデザインリサーチについて、意味のイノベーションには、社会文化モデルの分析が重要であると指摘し、それを実行することで社会にすでに存在する既存の意味を理解し、意味の革新につながるとしていました（Vergantі 2009）。

ベルガンティは当初このようなプロセスをイタリアのいくつかの企業を分析した結果から発見しました。同様に、イタリアのデザインプロセスを明らかにしたカウテラもデザインリサーチの重要性を指摘しています（Cautela 2007）。それにもかかわらず、著書『突破するデザイン（*Overcrowded*）』では、アイデア創出前のデザインリサーチは省略され、個人がアイデアを創出した後のラディカルサークルでの活動の中に組み込まれました（Verganti 2017）。

この点で、ベルガンティは外部の専門家と対話するうえで、自分たちのビジョンを持つことが何より重要であると指摘しています。また、このようなビジョンがなければ、専門家との対話が成立しないことをも指摘しています。彼は『突破するデザイン』の中でガダマーを引用しています。解釈主義を発展させた哲学者のガダマーは、人が解釈をするときに先入見（先入観）を捨ててものごとを解釈することは不可能であることを論証し、むしろ先入見を持って他人の先入見と対話することで、新たな解釈の地平を発見できることを強調しました。

要するに、あらかじめ何かを観察しようと試みなければ、たとえデザインリサーチを行ったとしても効果が見込めないのです。意味を扱う場合のデザインリサーチは３６０度の視点から社会を調査することが必要となるのですが、これは正確には社会をさまざまな異なる先入見を通して調査することを意味します。故に、先入見なしではデザインリサーチは機能しないということです。

インサイドアウトは、プロセスに参加する一人ひとりが自分自身を内省し、自分自身のデザインリサーチを実施したうえでの先入見を用いてビジョンを創出可能であることを前提としています。一方で、オーバー・アイデンティフィケーションによって組織内の社会的アイデンティティが持つ先入見や、専門知識によってこの先入見が凝り固まってしまった場合は、内発的フレームによる先入見を持たず、インサイドアウト・プロセスが成立しないことを私たちは指摘しています（Goto et al. 2020）。

では、自分の内から始めるのか、外から始めるのかどちらが良いのでしょうか。ここで、再度経験豊富なデザイナーの実践を考えてみましょう。前述したように、そのようなデザイナーはキャリアを通して外を見て、内を見て、外を見て、内を見て…と何度もこの繰り返しを行っています

（McDonnell 2011）。そのため、これをどっちから始めるのかという疑問に対しては、明確にどっちからとは言えず、ただ繰り返すしかないのです。

この点はカウテラも指摘しており、デザインリサーチを行い、アイデアを創出し、それを受けてまたデザインリサーチを行い…ということを実際に繰り返すのです（Cautela 2007）。この点はＩＤＥＯ式のデザイン思考と同様です。まず、デザインリサーチであるユーザー観察を行い、プロトタイプをつくり、またユーザー観察を行い…とこのサイクルをラピッドに反復します（Brown 2008）。

では、なぜベルガンティはインサイドアウトで、私たちはアウトサイド・インサイドアウトとしているのでしょうか。ベルガンティは、前述したように人々は皆デザイン・ケイパビリティを持ち、デザインリーダーシップを発揮できるという前提に立っていると考えられます。つまり、自分を対象としたデザインリサーチや物語を紡ぐことを誰もができるという前提です。また、既存研究が取り扱う事例は当然インサイドアウト・プロセスに成功している事例であるため、そもそもオーバー・アイデンティフィケーションが起こっていない可能性があります。つまり、従業員一人ひとりが生活者としての社会的アイデンティティを強く持ち、企業内でも顕在化できる組織に限って調査が行われてきたのではないでしょうか。

それに対して、アウトサイド・インサイドアウトを提案した私たちは、誰もが自身のデザインリサーチと物語を紡ぐことができるという能力を否定したのではなく、それを組織の中で発揮することを妨げる組織的要因があるということを強調しているのです（Goto et al. 2020）。このアプローチは、すでに十分な専門知識と経験を持ったエンジニアを対象としています。

このようなエンジニアは自社の産業と技術に関する深い知識をもとにした組織フレームを保有しています。その点で、解釈者と対話できるだけの先入見は持ち得るのですが、技術中心主義で長く業務を続けているエンジニアは、その先入見が組織の価値観やゴールに強く影響され、認知的なバイアスになってしまうことが多いのです。重要なことは、ライフポリティクスに参加する社会を構成する生活者としての社会的アイデンティティの組織内での顕在化です。よって、私たちはエンジニアとしての専門的な先入見からデザインリサーチを始め、徐々に技術中心主義から人間中心主義の視点を獲得していくことを狙ったのです。

6-2-6　インサイドアウトかアウトサイド・インサイドアウトか

これらの点は、産業内の経験が浅い人々（組織の若手等）にインサイドアウト、もしくはアウトサイド・インサイドアウト・プロセスを実施させるうえで非常に重要になります。たとえ産業内での経験が浅くても、誰もが生活者としては経験豊富なプロフェッショナルです。その点で、組織内で誰でも社会的アイデンティティの顕在化が可能な組織であれば、経験が浅い人々でもインサイドアウト・プロセスを実現可能です。

たとえば、十代でも二十代でも、趣味のコミュニティの話をすると組織の誰よりもプロフェッショナルであり、先入見としての優れた内発的フレームを保有するという例は頻繁に見られます。誰もがガイディング・プリンシプルとして経験からある種の知識を蓄積・活用できる状態なのです。誰もが

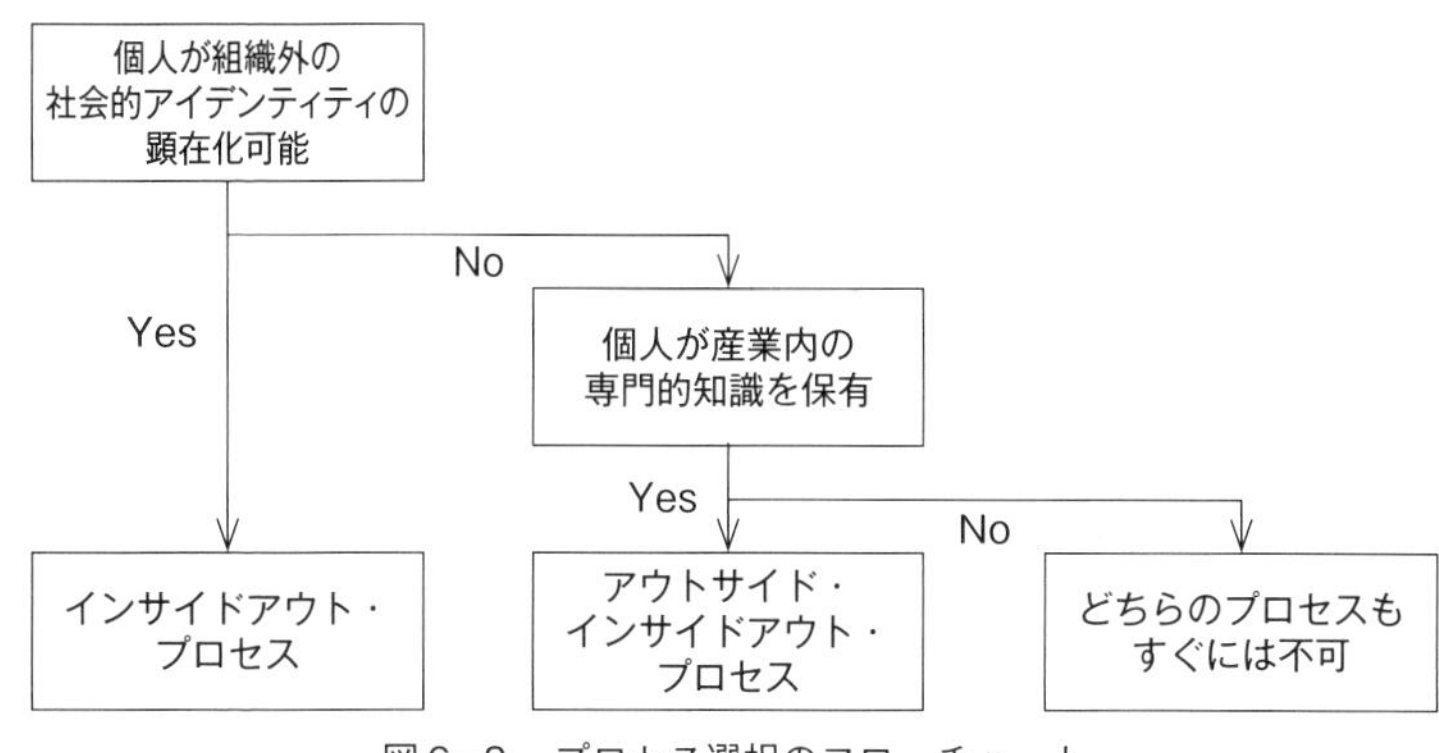

図6-8　プロセス選択のフローチャート

デザイン・ケイパビリティを持つということは、この誰もが持つある社会的アイデンティティに基づいたガイディング・プリンシプルを利用できることを前提としています。

そのような組織外の社会的アイデンティティを顕在化できない場合には、インサイドアウトの起点となる先入見を発揮できないかもしれません。そのような組織では、組織に入った瞬間、人々の人生で得られたガイディング・プリンシプルが〝なかったこと〟になってしまうのです（これを「君のプライベートには興味がない」問題と定義しておきましょう）。さらに新入社員の場合は、産業内での経験もありません。よってこの場合、内発的フレームも組織フレームも持たないことになってしまいます。ここでアウトサイド・インサイドアウト・プロセスを採用し、デザインリサーチを行ったとしても、先入見を持たないため、その効果が著しく低下します。明確な意識を持たずフィールドワークに行った結果、何も発見できなかったという経験は多くの人があるのではないでしょうか。

以上より、組織内で人々が組織外の社会的アイデンティティを顕在化することができ、内発的フレームという先入見を初めから組織内で用いることができる場合には、デザインリサーチを自分の内省と物語を紡ぐことで代用できるためインサイドアウト・プロセスを採用することができます。

一方で、組織外の社会的アイデンティティを組織内で顕在化することができないが、産業内での経験が十分にあり、先入見としての組織フレームを持っている場合には、アウトサイド・インサイドアウト・プロセス採用し、最初にデザインリサーチから始めることが有効になります。残念ながら、組織外の社会的アイデンティティを組織内で顕在化できないような組織では、たとえば新入社員のように産業内での経験が浅い場合には、インサイドアウトもアウトサイド・インサイドアウトも実施するのは厳しいと言わざるを得ません。

7章 属人性を発揮するための組織的施策

7-1 組織戦略的視点

7-1-1 属人性と組織的施策

デザインシンカーは業界を超えた知識を獲得し、自らの社会的アイデンティティをアップデートしながら、それらを用いて自分からアイデア創出を行う教育を受けています。ただ、どれだけデザインシンカーを育成しても、組織の中でデザインシンカーの能力を最大限発揮させられる属人性のマネジメントができなければ何の意味も持たないことを、ここまで指摘してきました。

ここで、情報統合理論をメタファーとして、インサイドアウト・プロセスと組織の意思決定を考えてみましょう。人間の意識に関する統合情報理論（Massimini and Tononi 2018）では、情報量を持ち、それを統合できるものが意識として捉えられます。人間は、単にモノから得られる信号を認識し、それに対して生理的なアウトプットを生み出すだけの哲学的ゾンビではありません。モノから得られる信号に〝意味〟を生成し、その〝意味〟に沿って行動をすることができます。

組織を一人の人間として例えると、組織はモノに対して意味を与えなければなりません。意味を生成しない組織は哲学的ゾンビになってしまいます。本来人々の集合体としての組織は、組織の中に多様な社会的アイデンティティに紐づいた情報を持ち、それを統合し、製品／サービスに意味を見出すことができます。逆に、社会からの大量の情報のインプットに対して、組織の単一の支配的な価値観やゴールを通してある一定の反応しかしない組織は、哲学的ゾンビであると言えるかもしれません。

ここで少し余談ではありますが、近年さまざまなゾンビに関する映画やドラマが存在します。そこで描かれるゾンビは、ある一定の生理的反応に基づいた行動しかしません。しかし、人々はそのゾンビを敵と見なすこともあれば、逆に自分たちの身を守る手段としての意味を見出してゾンビを利用することもあります。少し昔であれば「ゾンビ＝敵」として、単一の視点から描かれていたでしょう。

近年のゾンビ映画やドラマでは、コミュニティがゾンビに対して意味を見出すプロセスがよく描かれています。そこでは、コミュニティの人々が価値観やゴールを議論し、集合や分離を繰り返しながら、コミュニティのビジョンを描き出すプロセスが生々しく描かれます。あるコミュニティでは権力を持ったリーダーが支配的に意思決定を行い、また別のコミュニティでは一人ひとりが生成する意味に沿って政治的に意思決定が行われたりもします。このようなゾンビ映画やドラマから、本書が扱うデザインマネジメントを学ぶこともできそうです。

さて、ここで本題に戻りましょう。前章までは、いかに組織の中で人々の多様性を高め、組織が保有する情報量を増加させるかについて説明してきました。これに対して、情報統合理論のメタファーは、情報量を増やすだけでは組織が意識を持たないことを教えてくれます。多様な情報として、個人のさまざまな社会的アイデンティティから提案される価値観やゴールを統合する組織的施策が、組織が意識を持ち、製品／サービスに意味を生成するために必要となるのです。本章では、この組織的施策について検討します。

7-1-2　インサイドアウトに対する組織アイデンティフィケーション理論の限界

ここまでインサイドアウト・プロセスを主に組織アイデンティフィケーションの理論から説明を試みてきましたが、実はそれには限界があります。組織アイデンティフィケーションの理論から考えると、インサイドアウト・プロセスの起点は、個人の社会的アイデンティティをベースとする点で企業組織からの異化を意味します。

前述したように、組織ディス・アイデンティフィケーションやアンビバレント・アイデンティフィケーションが発生すると、個人は組織に対して高いコミットメントを行わず、与えられた業務を超えるようなパフォーマンスを残そうとしないという危険性があります（Kreiner and Ashforth 2004）。一方で、インサイドアウト・プロセスは、組織の目的でもあるイノベーションを起こすためにあえて組織のアイデンティティを同一化しません。つまり、インサイドアウト・プロセスは、組織に対して反発心を持った結果として組織のアイデンティティを同一化しないのではなく、組織に対して一体感を持ち、組織に貢献する意志を持った状態を維持するのです。この点で、既存研究で議論されてきた組織ディス・アイデンティフィケーションやアンビバレント・アイデンティフィケーションには該当しません。

自身の価値観やゴールを組織に対して外面化するという点では、ナルシスティック・アイデンティフィケーションと同様となります。しかしながら、ナルシスティック・アイデンティフィケーションは自己の利益のために自分自身の価値観やゴールを外面化するのに対して（Galvin et al. 2015）、インサイドアウト・プロセスのアイデンティフィケーションは組織の利益のために自身の価値観やゴールを外面化するのです。

なぜこのような理論の説明力に限界が起こってしまうのかを検討してみましょう。かつて日本企業が世界の経営学者からお手本として扱われた時代は、日本企業が一枚岩となって誰が抜けても企業が存続できるという点が注目されました。これを逆説的に捉えると、従業員が組織に強くアイデンティフィケーションできず、組織の価値観やゴールを従業員一人ひとりに内面化させられない企業が存在したからこそ、日本企業に注目したと推論できます。

だからこそ、組織アイデンティフィケーション理論が、組織の価値観やゴールの内面化を進めるために発展したことが予測されます。そのように考えると、日本のように組織へのアイデンティフィケーションが強すぎて、それを緩和するための理論が構築されてこなかったことは不思議ではありません。同時に、インサイドアウト・プロセスの既存研究が従業員一人ひとりの社会的アイデンティティの顕在化を問題視してこなかったという点も納得できます。そこで、次節では組織内の多様性に焦点を当てたダイバーシティ研究からインサイドアウト・プロセスを考えてみましょう。

7-1-3　ダイバーシティ研究とインサイドアウト

ダイバーシティ研究において、ダイバーシティという用語が含有する多様性の定義は広範囲にわたります。人種や年齢、性別などの人口統計学的な多様性に焦点を当てる研究が多い一方で、教育経験や専門領域に関する多様性も研究の範疇に入ります（van Knippenberg et al. 2004）。他にも、性格的な違いや、認知や感情的な傾向、動機づけ要因、職場の関係性や友人関係といった社会的なネットワークの違いに焦点を当てる研究もあります。職場の多様性は、従業員の人口統計学的背景だけではなく、文化や知性の違いまで考慮する必要があるのです（Basset-Jones 2005）。

このダイバーシティ研究領域では、これまでに非常に多くの研究が行われ、さまざまな効果が明らかにされてきました。たとえば、コミットメント（Giffords 2009）や仕事への満足感（Acquavita et al. 2009; Pitts 2009）、創造性（Basset-Jones 2005）、組織イメージ（Cox 1994）、組織パフォーマンス（Dai et al. 2019）などが挙げられます。しかし同時に、ダイバーシティ研究にはこのような成果と全く反対の事実を発見する研究も多くあることがわかっており、その効果にコンセンサスがとれていないという事実があります。

理論的な側面から考えると、ダイバーシティ研究が明らかにした多様性の効果には、ポジティブな効果だけでなく、残念ながらネガティブな効果もあります。ポジティブな効果を強調するのは情報意思決定理論です。この理論は、職場が多様化することで、さまざまな専門領域の視点からものごとを判断することができ、良い意味でのコンフリクトを発生させます。そのような異なるプロフェッショナルな視点を統合することで、効果的な意思決定を可能にさせるのです（Randel 2002）。

その一方で、社会的カテゴリー化理論は、多様性のネガティブな側面を指摘しています。職場で多様化が進むほど、個人のアイデンティティが強調されます。その結果、組織として一体化を失い、一人ひとりが自分と近いアイデンティティを持つ人たちと小さなサブグループを形成するようになります。そのようなサブグループが強固な関係性を結ぶほど、他のサブグループとの違いを強調してしまい、関係性を悪化させることがあるのです（van Knippenberg et al. 2004）。

属人性を排除してきた伝統的な日本のマネジメントでは、多様性は人口統計的かつ非人口統計的の両者で排除されてきました。当然ながらそのような状態は問題であり、今では多くの企業で人口統計的な多様性を確保することの重要性が認識されています。しかしながら、デザインを組織で推進していくためには、むしろ個人の認知スタイルや感情的傾向、動機づけ要因、社会的ネットワークの多様性のほうが重要となります。

たとえば、どれだけ国籍や性別の多様性を確保しても、その組織がオーバー・アイデンティフィケーションの状態に陥っていれば、結局同じ価値観やゴールを皆が持つことになり、個人の認知スタイルや動機づけ要因などの多様性を失ってしまいます。また、ライフとワークを分断するライフ・ワークバランスを実践している企業では、個人の社会的ネットワークの多様性を利用できません。逆に言うと、たとえ国籍や性別、年齢の多様性が確保できていない組織でも、その組織を構成する一人ひとりの社会的アイデンティティを顕在化させることによって、非人口統計的な多様性を確保することができます。

インサイドアウト・プロセスをこのダイバーシティ研究の理論を使って理解しようとすると大きな問題が生じます。インサイドアウト・プロセスは、情報意思決定理論が指摘する多様性のポジティブな側面を活用しようとしたものです。ところが、社会的カテゴリー化理論が指摘するように、組織メンバー間のコンフリクトが発生すると、組織内の心理的安全性は確保できず、インサイドアウト・プロセスは成立しません。

個人の内主観から創出したアイデアは、他者からの批判を受けながら精緻化されていくため、批判プロセスを実行するための信頼できるパートナーが必要です。信頼できないパートナー同士で批判を行うと、相手のアイデアを破壊するために批判を行う恐れがあります。そのため、インサイドアウト・プロセスは組織に多様性を持たせたから成功するというわけではないということをダイバーシティ研究は教えてくれます。

インサイドアウト・プロセスを説明するためには、組織の中に個人の社会的アイデンティティを多様性させて多様な視点を得ると同時に、組織に対してポジティブな感情を持ち、組織の心理的安全性を高め、組織のために個人の価値観やゴールを顕在化させることが理論的に説明できなければなりません。この点で、ダイバーシティ研究の理論には、組織アイデンティフィケーション理論と同様に、デザインマネジメント研究の文脈でインサイドアウト・プロセスを説明するためにはまだ欠点があります。

7-1-4 インクルージョン研究

そこで本書が注目するのが、インクルージョン研究です。インクルージョン研究は、ダイバーシティ研究で明らかとなった多様性の効果が一致しないという問題点を克服する理論として、近年研究が盛んに行われています。実務的にも近年はダイバーシティとインクルージョンはセットで取り扱われることが多くなっています。

現在、インクルージョンの定義として支配的な定義の一つが、ショアー等の以下の定義です(Shore et al. 2011: p. 1265)。

従業員が、自分の帰属意識と自分らしさに対するニーズを満足してくれるような扱いを職場で受けた経験を通して、自分が職場で尊敬されているメンバーであると認識する程度。(筆者訳)

次に、ショアー等の研究文脈での帰属意識と自分らしさの定義を見てみましょう。帰属意識は、以下のように定義されます(Baumeister and Leary 1995: p. 497)。

前向きに持続的で、かつ意味のある最小限の対人関係を少なくとも形成し、維持するための広範な推

進力。（筆者訳）

これは簡単に言うと、組織に所属していることに対して居心地の良さを感じ、その組織に所属し続けるための最低限の努力を意味します。一方で、自分らしさは、以下のように定義されます（Chung et al. 2020: p. 80）。

職場で他者と異なる存在として異なった視点を持ち、それらの違いが他のメンバーによって評価され、尊重されていると従業員が感じる感覚。（筆者訳）

つまり、組織の中で自分のユニークな価値観を表出化することを他者から認められていると感じることを意味します。

ダイバーシティとインクルージョンの学術的な解釈における違いは、ダイバーシティは人口統計的かつ非人口統計的な違いが組織の中で確保されていることにとどまる一方で、インクルージョンは組織に多様性が担保されたうえで、さらにその多様な視点から意見を出すことを推奨されていると感じ、同時に組織に所属していることに居心地の良さを感じることまでが含まれます。ダイバーシティ＆インクルージョンを取り扱うコンサルタント会社の The Winter Group のファウンダーで、ＣＥＯのウィンターズはその違いを次のように表現しています（Winters 2014: p. 206）。

おそらく、ダイバーシティとインクルージョンの最も顕著な違いは、ダイバーシティが義務的かつ規則化される一方で、インクルージョンは組織の自発的な行動に起因することである。(筆者訳)

つまり、インクルージョンは義務的に確保した多様性を、組織のために前向きに活用しようとする組織の戦略的な姿勢であると捉えることができます。それゆえに、ダイバーシティはマイノリティとして組織に参加できていなかった人々に焦点が当てられてきた一方で、インクルージョンは組織に参加するすべての人々を対象とします。

ここで概念的に重要なことは、ダイバーシティが物理的に判断可能な人口統計的かつ非人口統計的な違いを変数として取り扱うのに対して、インクルージョンは組織が人々の違いを活用しようとしているかどうかの従業員個人の感覚を変数として取り扱うことです(Shore et al. 2018)。このような感覚は、組織が多様な従業員一人ひとりをフェアに扱うことや違いを尊重すること、意思決定プロセスに参加させることによって得られます(Nishii 2013)。ダイバーシティは組織的に実践すれば達成することができますが、インクルージョンは受け手である従業員が実際にそう感じないと達成されません。つまり、インクルージョンは組織がやったつもりだけでは通用しないということです。

このダイバーシティとインクルージョンの違いは非常に重要です。ダイバーシティはトップマネジメントの意思決定によって実現可能です。具体的に採用戦略を設定し、それに沿って人事部が採用を実施すればよいためです(実際に人が集まるかという問題は別問題ですが)。

ところが、インクルージョンはトップマネジメントが指示を出したところで、現場レベルで一人ひとりが他者を尊重し、帰属意識と自分らしさをバランス良く感じる職場環境をつくらなければ実現できません。広報資料で「ダイバーシティ&インクルージョンを推進します！」と外部に宣言しただけでは達成することはできません。インクルージョンを重要視するという組織の価値観が社員一人ひとりに浸透されなければなりません。そうしなければ、トップマネジメントの旗振りが先行すればするほど、現場との温度差が出る可能性もあります。「うちの会社は外向けには良いこと言うよな」と現場の人々に認識されると、インクルージョンの浸透は難しいのではないでしょうか。

そのため、インクルージョンは組織の制度ではなく、組織の文化として成立されるべきでしょう。ここで制度とは、トップマネジメントが決定し、組織全体に〝上から降りてくる〟仕組みであると捉えます。それに対して文化を定義することは容易ではありません。組織文化研究者であるシャインによると、以下のように定義されます（Schein 1985: p. 12）。

> ある特定のグループが外部への適応や内部統合の問題に対処する際に学習した、グループ自身によって、創られ、発見され、または、発展させられた基本的仮定のパターン――それはよく機能して有効と認められ、したがって、新しいメンバーに、そうした問題に関しての知覚、思考、感覚の正しい方法として教え込まれる。（筆者訳）

ギデンズの構造の二重性の観点で捉えると、組織の中の人々によって共有され、その人々が意識しなくてもそれに沿った行動を実践させるような構造的要因だと考えられます。インクルージョンは、

表7－1　インクルージョン・ワークプレイスの定義（Mor Barak 2005より筆者作成）

	レベル	定　　義
ミクロ	1	組織の中で個人やグループ間の違いを尊重し、利用する
↕	2	周辺のコミュニティと協力しあい、そのコミュニティに貢献する
	3	より広い国家環境の中で不利な立場にあるグループのニーズを緩和する
マクロ	4	国家や文化を超えて、個人やグループ、組織と協力し合う

デザインマネジメントを実践するために必要な組織文化、つまりデザイン文化の一つであると考えることができます。

日本企業は、組織の中で価値観を共有し、一枚岩になることが得意だったと本書では何度も指摘してきました。しかしながら、インクルージョンという価値観を組織全体で共有することは、機能や品質を一番として共有されてきたこととは少し性質が異なります。なぜなら、インクルージョンは、「一人ひとりの価値観やゴールがバラバラであるべきだ」という一つの価値観やゴールを皆で共有するというメタ的な性質を持つからです。

ちなみに、表7-1に示したモル・バルクが定義したインクルージョン・ワークプレイスの分類では、本書が述べてきたような個人の価値観やゴールを顕在化し、活用するということはレベル1に該当します（Mor Barak 2005）。そういう意味で、本書の述べてきたことは、決してレベルの高いことではなく、インクルージョンの基礎的なことであることがわかります。

日本では国籍や性別など、どちらかというと高レベルのインクルージョン・ワークプレイスに対する意識が強すぎて、基本的なレベル1を軽視しているのではないかとも感じます。たとえば、組織としてはダイバーシティ&インクルージョンを旗振りし、国籍の違う人を積極的に雇用するものの、現場に行くとオーバー・アイデンティフィケーションの状態が散見されるなんてことがよく見られます（オーバー・アイデンティフィケーションは、インクルージョンの反対のエクスクルージョンの状態）。

さて、既存研究によると、インクルージョンはさまざまな効果をもたらすことが明らかになっています。たとえば、従業員の仕事へのコミットメントの向上（Cho and Mor Barak 2008; Brimhall 2019; Mousa and Puha 2019）や心理的安全性の向上（Javed et al. 2019）、創造性の向上（Chung et al. 2020; Li et al. 2015）などが挙げられます。

7-1-5　インクルージョンとインサイドアウト

次に、インサイドアウト・プロセスをインクルージョン研究の文脈で検討してみましょう。インサイドアウト・プロセスの起点では、個人の企業外の社会的アイデンティティの顕在化が必要になりますが、これはインクルージョン研究で考えると自分らしさに該当します。インクルージョンが達成できている組織では、従業員一人ひとりが組織とは異なる価値観やゴールを組織内で顕在化することを他者から認められていると感じる状態となっています。

インクルージョンを達成しているということは、従業員がその組織に所属していることに心地よさを感じます。この結果、既存研究が明らかにしたように、個人は組織に対してコミットメントを高めるのです（Cho and Mor Barak 2008; Brimhall 2019; Mousa and Puhakka 2019）。この点で、組織アイデンティフィケーション理論で説明できなかった、個人の価値観やゴールの表出化と組織の価値観やゴールへのコミットメントの問題が克服されます。

さらに、インクルージョンが達成されている組織では、たとえ個人が皆自分らしさを持っても、チーム内の人間関係のコンフリクトが抑制され、仕事への満足感を高めることがわかっています(Nishii 2013)。これにより、組織内での心理的安全性が高まり、従業員一人ひとりのイノベーションを起こそうとする行動が活発化されます(Javed et al. 2019)。これは、従業員間の信頼度を高めますので、インサイドアウト・プロセスに必要なスパーリング(批判のプロセス)を効果的にさせる可能性を示唆します。この点で、ダイバーシティ研究の限界であった多様な視点とコンフリクトの問題が克服されるのです。

インクルージョン研究のパイオニアであるモル・バラクは、インクルージョンを実現する組織とそうでない組織に対して次のように指摘しています(Mor Barak and Daya 2014 pp. 393-394)。

排他的な職場は、(組織のメインストリームによって決定された)支配的な組織の価値観や基準にすべての従業員が従う必要があると感じます。一方で、インクルーシブな組織では、従業員の中で現れるすべての文化的な視点を尊重する多元的な価値観に基づいています。(筆者訳)

この指摘の中には、多元的(pluralistic)という用語が使われています。現代は、単一的な世界(universe)ではなく、多元的な世界(pluriverse)であるとのエスコバルの指摘を思い出しますね。

まさにインクルージョンは多元的な世界で、人々の日々の政治が行われるインサイドアウトのプロセスを実現する環境の基礎となる重要な概念なのです。最後にもう一度強調しておきますが、このような環境はトップマネジメントの旗振りのみで実現するものではなく、組織の中のすべての人々に集主観的に構築されなければなりません。

本書では、このような環境を組織で構築するためのヒントをすでに多く紹介してきました。デザイナーが知識を得る方法（designerly ways of knowing）やデザイン的思考、デザイン態度、デザインリーダーシップ、デザイン・ケイパビリティがそれにあたります。ここまで読んでいただいた皆さんには、改めて本書を読み返していただくと、また本書に対して違った意味を生成することができるのではないでしょうか。

7−2　製品・サービス開発的視点

7−2−1　イノベーション・ケイパビリティ

ここまで、人事的施策に関する議論が中心でしたが、この章の最後に異なった視点を加えておきます。技術中心主義でマネジメントを行ってきた企業が、インサイドアウト・プロセスを用いて意味のイノベーションの実施を試みたときに起こるコンフリクトをイノベーション・ケイパビリティの概念

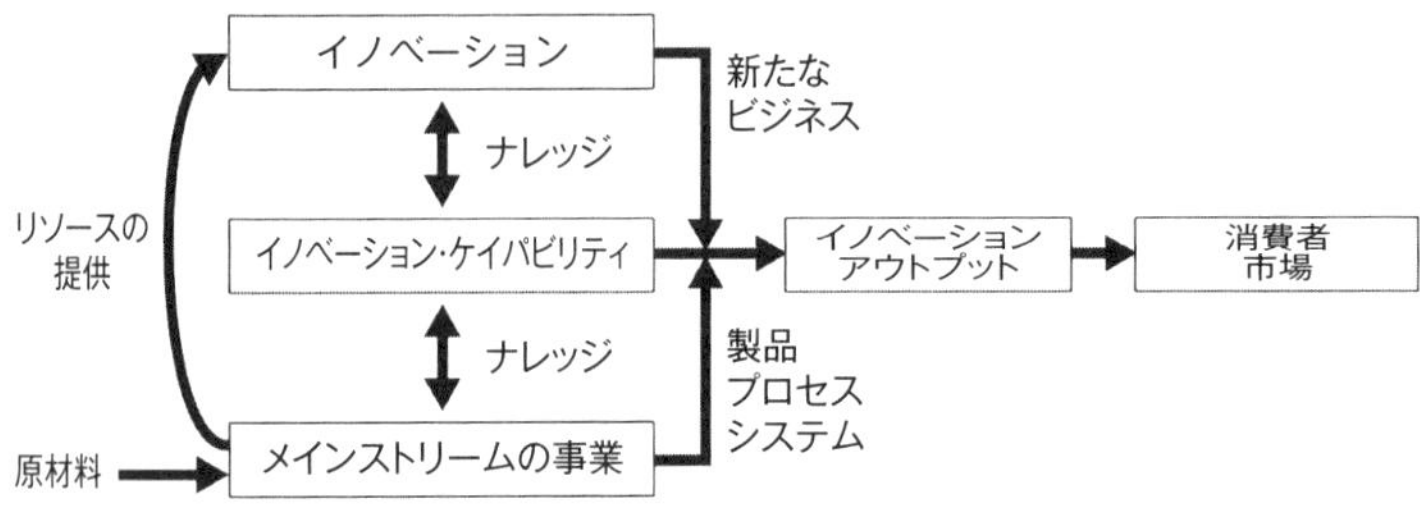

図7－1　イノベーション・ケイパビリティ（Lawson and Samson 2001 より筆者作成）

を用いて説明しましょう（Lawson and Samson 2001）。

既存のメインストリームの事業を維持しながら、新たなイノベーションを起こそうとするとこの両者では矛盾する能力が求められることになります。既存事業は、事業を維持するために、安定性や効率性、利益性を求め、それを手がける部署の仕事はルーティン化します。

そのような中で、新規事業の創造のために、企業は既存のリソースを割り当て、新たな価値創造を目指します。インサイドアウト・プロセスで意味のイノベーションを目指すときにも、基本的には既存事業の従業員が割り当てられるでしょう。そして、そこに参加した従業員が自らの組織外の社会的アイデンティティから新たな知識を組織に取り込み、そこから自社の技術や製品に対して新たな意味の創造を行います。

組織は、新たな意味のアイデアを適切に評価し、新たなビジネスストリームとして市場にアウトプットしなければなりません。イノベーション・ケイパビリティは既存のメインストリームの事業の安定性・効率性・利益性と、このイノベーションによる新たなストリームの創造性を両立させる組織の力です。

ギデンズの構造化理論の視点から考えると、事業がメインストリームになるということは、その事業は何度も繰り返して実践されることになります。つまり、事業に関わる業務が構造化され、その部署の従業員は構造に影響を受けつつ、さらにその構造を再生産させ続けることを意味します。これは、たとえば事業に関わるルーティン業務がマニュアル化というかたちで構造化され、その事業に携わる人々がそのマニュアルに沿って行動をすること、そして同時にマニュアルに沿って行動することがさらにそのルーティン作業を揺るぎない強いルーティンとして再生産されることを意味します。業務がマニュアル化されると、そのマニュアルを覚えることで業務の効率性を高め、収益性を高めることに焦点が当てられるようになります。

その一方で、イノベーションの実現とは、その構造の再生産から抜け出し、新たな構造を創造することを意味します。イノベーションは不安定から生まれるものであり、ある程度長期間を想定したビジョンとコミットメントが必要になります。ここで重要なことは、ギデンズが指摘するように、このような既存のルーティンを破壊するという行為には存在論的不安が伴うということです（Giddens 1991）。

存在論的不安とは、人々が日常の構造の再生産、つまり毎日同じルーティンが繰り返されるプロセスの中で、自分の次の行動を予見できることによって無意識的に感じる存在論的安心が欠如した状態を意味します。メインストリームの事業はルーティン化されるため、その部署の人々は存在論的安心を無意識に感じることができます。少々突発的なトラブルが起こったとしても、それを乗り越えればまたいつものルーティンに戻ることができるという確信が存在論的安心の源泉になります。

逆に、イノベーションが起こるプロセスでは、このルーティンが予見できないため、存在論的安心が脅かされることになり、存在論的不安を呼び起こすことになります。

7-2-2 存在論的不安とデザインレビューの評価システム

インサイドアウト・プロセスから生まれた新たな製品の意味のデザインレビューを行う評価者の立場になってみましょう。このような評価者は組織内の価値観やソリューション、技術に関する知識はレビューされる側の従業員よりも優っていることが通常です。言い換えると、メインストリームの事業に関する知識が相対的に豊富であるからこそ評価者というポジションになるでしょう。そのような評価者が、インサイドアウト・プロセスで創造されたアイデアをプレゼンテーションされると、存在論的不安を感じます。

なぜなら、従業員の組織外の社会的アイデンティティに関する知識は、メインストリームの事業の構造の再生産プロセスには存在せず、予見ができないからです（逆に予見できるようであれば、おそらくそのアイデアから意味のイノベーションは起こりません）。つまり、既存事業で行ってきたルーティン的な評価システムでは評価できないということです。評価できないことが、評価者としての上司の存在論的不安を掻き立てるのです。よって、メインストリームの事業とインサイドアウトから生まれるアイデアの評価システムは分けなければなりません。

このような評価システムの矛盾を解決するためには、提案する側のやり方も問われます。メインストリームの事業であれば、評価項目はフォーマット化されていることが多いので、提案側も提案方法について考える必要はありません。特に大手企業になればなるほど、レビュー手順はマニュアル化され、強固なルーティンの再生産のループに入っています。しかしながら、インサイドアウト・プロセスでは、そもそも製品・サービスの意味が変わる、つまり価値の測り方自体が変化するので、評価システムのフォーマット自体を変化させなければなりません。このような状態において、組織で伝統的に蓄積された評価者の過去の知識が権威を失い、存在論的不安を感じます。それゆえに、提案側はこの存在論的不安を取り除くようなプレゼンテーションを実施しなければなりません。

ギデンズは、存在論的不安を取り除くものとして専門家の知識の重要性を指摘しています。専門家の知識は既存のルーティンから抜け出すための信頼を提供してくれます。ここにベルガンティが提示するデザイン・ディスコースの解釈者の重要性があるのです。

人々の内発的フレームに基づいたアイデアに欠けているものは、「本当に自分たちのルーティンを崩してまでやることなのか？」、「既存の評価項目で評価できないと言って否定してしまおうか？」という評価者の不安に対する信頼です。アイデアの提案者には、評価者の「君がそう思っているだけなのではないか？」という疑問に答える義務があるのです。ここで、デザイン・ディスコースでの解釈者からの批判プロセスを通すことで、新たなモノの意味を確固たるものとするのです。ベルガンティも、この解釈者の質が新たな意味を生成するために重要なポイントであると指摘しています。

ギデンズは、この専門家の知識は再帰性を考慮しなければならないことを同時に指摘しています（Giddens 1991）。ここでの再帰性とは、新たな情報や知識によって、既存の解釈が修正される可能性を常に秘めていることを意味します。要するに今までの解釈がゼロに再び一度戻ってしまい、修正される可能性が常にあるということです。

この点は、デザインマネジメントを扱ううえで意味は人々の感情的な状況でbeing（存在）が変化することを許容すること、そして意味が人々の日々の政治によって決まることを前提としてきたので、意味の再帰性は当然のものとして理解いただけるでしょう。それゆえに、特定の解釈者から得た批判的見解を利用するのではなく、さまざまな解釈者との対話が重要になります。以上から、デザイン・ディスコースの解釈者とのネットワークを戦略的に構築することが、意味のイノベーションの成功の鍵を握ることが、製品評価という観点からも明らかです。

ここで注意すべきことは、専門家は製品の意味生成に対するリスクを評価してくれますが、そのリスクを背負うのはプロジェクトであり、組織であることを忘れてはいけません。人々にその新しい意味を提案し、説得するという政治的なプロセスの責任を担うのは提案者（プロジェクト）自身です。この点では、インサイドアウト・プロセスは優れています。なぜなら、新しい意味を生成する強い意志が最初のアイデアから盛り込まれているからです。

デザインレビューで、評価者が存在論的不安に陥ると、こう言いがちです。「それで、あなたはその製品を自分で欲しいと思いますか?」と。ユーザー中心アプローチの場合だと、「この製品はユーザーが欲しいと言っているものなので、私自身は欲しいとは思いません」となってしまうリスクからどうしても逃れられません。このような言説は、評価者にそのアイデアを否定する理由を与えてしまいます。「なぜ、君は自分で欲しいとも思わない製品を提案するんだ。そんなもの、却下だ。」なんて言われてしまうかもしれません。その点、インサイドアウト・プロセスで「それで、君はその製品を自分で欲しいと思いますか？」と言う質問は意味を成しません。なぜなら、最初から自分の愛すべき対象のものをつくるからです。

解釈者の批判的見解は、新しい意味に対して評価者が承認を与える合理的理由を提供します。その一方で評価者が存在論的不安の中で承認するためには、提案者の〝熱い想い〟という非合理的な理由が必要なのです。評価者は「そこまで言うなら君を信じよう！」、この言葉を言いたいのです。

意味のイノベーションの特異性として、既存の技術であっても意味の革新が可能であるという点があります（Verganti 2008）。これは、インサイドアウトによって獲得した自社の外側にある価値観やゴールなどの新たなビジネスにつながる知識を自社の既存の技術に組み合わせることで、イノベーションを起こせることを意味しています。イノベーションを起こす人は、組織の中で行われる研究開発に限らず、さまざまな場所からイノベーションの種を見つけ出してきます（Lawson and Samson 2001）。つまり、インサイドアウト・プロセスを実行し、適切に評価できる体制を組織内で整えることで、自社のイノベーション・ケイパビリティの向上を大きく貢献することができるのです。

7-2-3 ラピッド・プロトタイピングへの予算配分

さらに、もう一つ評価者の存在論的不安を取り除く具体的な手法として有効なのがラピッド・プロトタイピングです。1章で、デザインと科学の範疇の本質的な違いとして、科学は法則がわかっているために予測が可能だと述べました。それゆえに、科学的に判断がつくことは、評価者の存在論的安心を呼び起こすでしょう。ところが、デザインは取り扱う問題が厄介で、法則がなく、予測ができません。

その解決の仕方として「つくってみること」が重要となります。過去の知識が通用しない以上、紙上の議論をされても、存在論的不安は増す一方です。インサイドアウト・プロセスでは、ユーザーがまだ存在しないという状況もあります。そのようなときには、評価者自身に提案を体験してもらい、感情的な評価を引き出さなければなりません。この部分は、ＩＤＥＯ式デザイン思考も同様です。

このような理由から、経営幹部がインサイドアウト・プロセスを採用し、プロジェクトを開始したにもかかわらず、ラピッド・プロトタイピングの開発のための予算を準備できなければ、インサイドアウト・プロセスは失敗します。製造業のように、製品の品質や機能の確認のためにのみプロトタイプを開発してきたような企業では、コンセプト設計のためのラピッド・プロトタイピングに予算を準備しないことは多々あります。

こうなるとプロジェクトメンバーは、路頭に迷ってしまいます。「プレゼン資料をつくっても理解してもらえない、プロトタイプをつくらせてもくれない、これはどうやって説得すればいいのだ…」という嘆きをよく耳にします。それゆえに、インサイドアウト・プロセスを実践するのであれば、評価の方法に加え、予算の使い方も戦略的に変更しなければなりません。

7‐2‐4　デザイン・ディスコースとの戦略的ネットワーク形成

ベルガンティはデザインリサーチの手法として、デザイン・ディスコースの中の解釈者との対話を重視しています（Verganti 2009）。解釈者の居場所は、図7‐2のように同じ業界から全く自社のネットワークの外部にいる文化的生産者まで広くわたります。具体的には、人文社会科学の研究者や芸術家、メディア、文化組織、小売・流通業等を挙げています。ここで組織の戦略的課題として、デザイン・ディスコースに参加し、解釈者とのネットワークをどのように構築すればよいのでしょうか。

解釈者とのネットワーク構築はそれほど容易ではありません。人的ネットワークの構築が必要であるという当然の問題がありますが、それ以前に社会文化モデルに関する知識を持たなければ、社会文化モデルを研究する人たちと会話にならないという点のほうが問題です。

たとえば、人文社会科学の研究が自社の製品／サービス開発にどのように役に立つかを理解できているでしょうか。おそらく、多くの企業は理解ができていないと思います。なぜなら、就職活動時に文系学生に求める能力に、人文社会科学の知識が最上位に来ることはありませんよね。いつも彼らに求められるのはコミュニケーション能力です。また、世界的に見ても、人文社会科学の研究者と技術系企業の産学連携が多くないことは指摘されています。

また、近年アート思考といったように、アートがビジネスと身近なもののように扱われていますが、本物のアーティストがいかにビジネスのロジックの外側にいる、厄介な存在なのかを理解できている

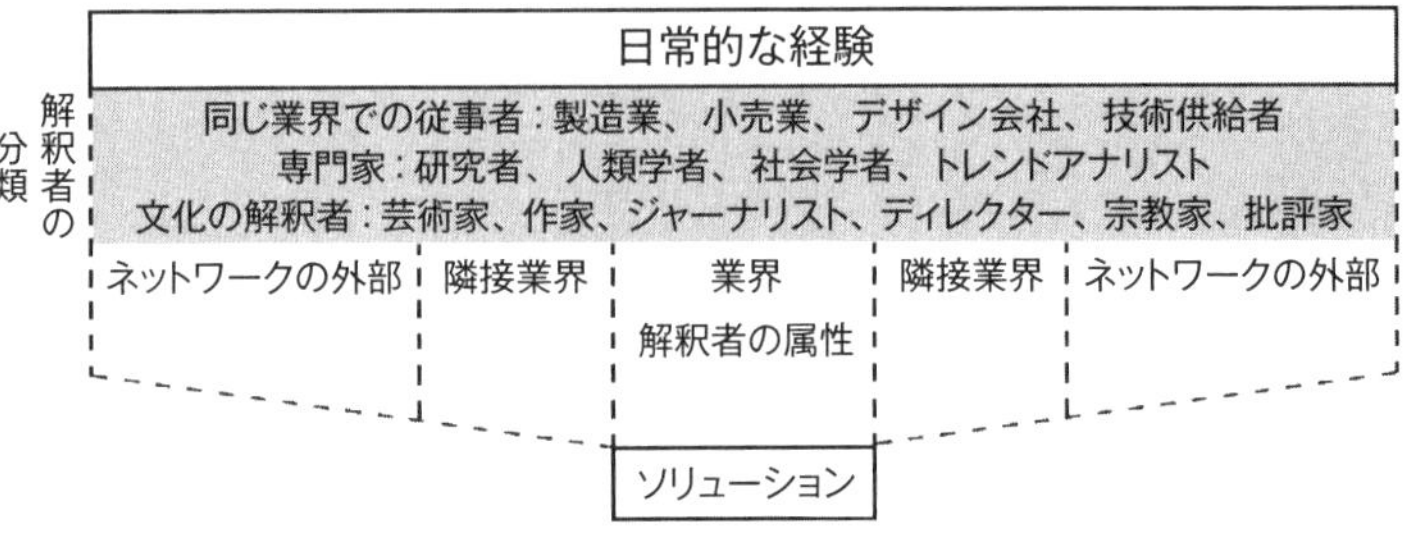

図7－2　解釈者の分類（Verganti 2017）

でしょうか。これに関しては、アーティスティック・インターベンションという研究領域があります（八重樫・後藤 2015）。

アーティストはビジネスのロジックを鑑みず、純粋に社会文化モデルの革新を追求します。だからこそ、既存のビジネスにとって驚くようなビジョンを持ちます。そのようなビジョンは、組織や組織の人々のビジョンの方向性を劇的に変化させる可能性を秘めます。しかしながら、あまりにも違ったビジョンは、組織とアーティスト間でコンフリクトを生み出します。それゆえに、アーティストと組織を仲介する役割が必要であり、それをアーティスティック・インターベンションと呼びます。この仲介がなければ、アーティストとのコラボレーションは失敗することが過去の多くの研究で指摘されています。

以上から、そもそも社会文化モデルに関する知識を持たないと、どの解釈者とネットワークを構築すればよいのかという候補者選択すらできないのです。そこで、どうすればいいのでしょうか。その一つの回答として、デレッラ等は技術および文化生産のゲートキーパー（Technological gatekeeper of cultural production）という社会文化モデルの分析結果を組織内に取り入れ、新技術と融合させるような存在の重要性を指摘しています（Dell'Era et al. 2018）（図7-3）。このよ

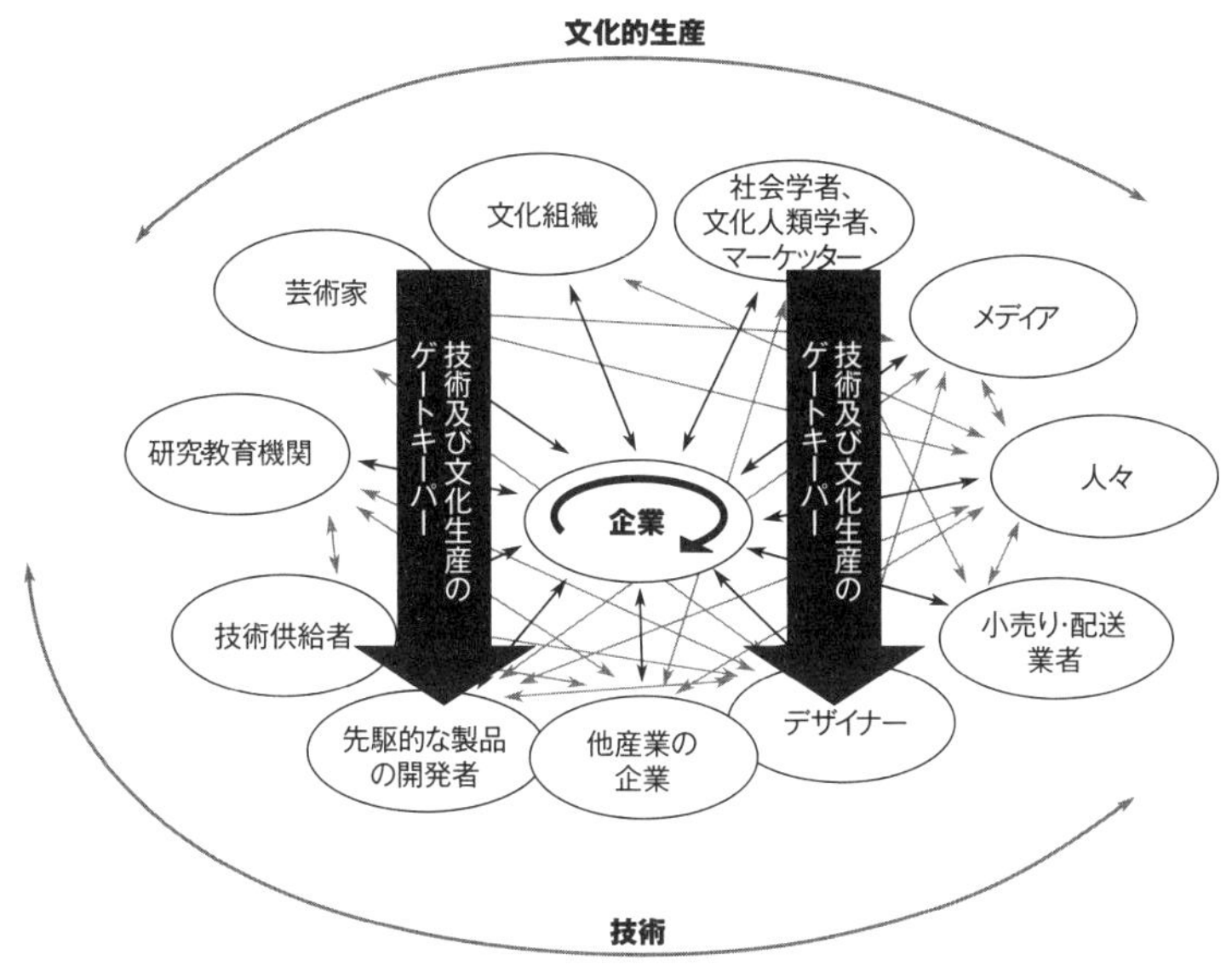

図7－3　Technology gatekeeper of cultural production（Dell'Era et al. 2018）

うな人材は、社会文化モデルの知識と技術の知識を横断的に理解することが求められます。実は、実践の場では、優れたデザイナーこそこの役割を担ってきたのです。

前述したように、デザイナーはさまざまな産業のクライアントとプロジェクトを行います。そして、クライアントの組織フレームやユーザーフレームを、プロジェクトを通して理解します。このような業務を通して、各産業の技術を理解するからこそ、前述したような産業間の技術移転にデザイナーは貢献するのです（Hargadon and Satton 1997）。

ここで、5章の表5-1に示したデザイナーの役割を思い出してください。デザイナーは単にクライアントの問題を解決するだけでなく、デザイナー自身がクライアントに問題を提起する役割も担います。このような問題提起は、図6-5のRACEモデルで説明したように、特定の問題に焦点を当てず、360度の視点から社会や人々を調査するデザインリサーチに基づきます。よって、デザイナーは技術も社会文化モデルも日常業務の対象であり、その知識が豊富なのです。このようなことは、著名なデザイナーの著書を読んでいただければ簡単に理解していただけると思います。その知識の広さには、尊敬の念に堪えません。

さらに、デザイナーの中には、アーティスト活動も並行する人々が多くいます。彼らは、デザイナーとして、クライアントと協働し、社会に良いインパクトを与え、ビジネスを成功させるためにアウトプットを出します。その一方で、アーティストとして、彼ら自身のビジョンのみから、ビジネスのロジックを鑑みず、社会文化モデルの革新を追求し、アウトプットを出力します。そのようなデザイナーは、アーティスティック・インターベンションを実現する存在なのです。

以上より、デザイン部署をデザイン・ディスコースの解釈者とのネットワーク構築のために組織内に確保することが現実的な手段の一つと考えられます。さらに欲を言えば、デザイン部署の中にさまざまな産業でプロジェクトを実施し、さらにアーティスト活動を並行するデザイナーがいれば、さらに効果的・効率的にネットワーク構築に貢献してくれるでしょう。そして、このような部署はデザインリサーチの専門家集団としても活躍してくれることが期待できます。

7-3 本章のまとめ

本章では、「ものごとに意味を与える行為としてのデザイン」と「組織や社会を新たな方向に導くためのデザイン」を包括的に実施するマネジメント概念を「デザインマネジメント」として定義し、このようなデザインマネジメントの考え方を企業組織内でよく実践していくための視点を提供してきました。最後にそのポイントを以下にまとめておきたいと思います。

1 ダイバーシティを高め、組織内の人口統計的かつ非人口統計的多様性を確保する
2 インクルージョンを高め、組織内のすべての人々が、組織外での社会的アイデンティティに基づいたユニークさを顕在化させ、所属感を高められるような仕掛けをつくる（そのために社会構成主義の視点を組織に導入する）
3 デザインリサーチの実施体制を整える
4 社会的アイデンティティに基づいた人々のユニークさによる意味の生成プロセスであるインサイドアウト・プロセスの実施体制（プロジェクト）を確保する
5 インサイドアウト・プロセスのための評価システムを構築し、イノベーション・ケイパビリティを高める

6　「つくりながら考えること（ラピッド・プロトタイピング）」に予算を配分する

7　デザイン・ディスコースとの対話のネットワークを戦略的に構築する

2章でデザイナーの実践に関する理論を説明しましたが、そこではダイバーシティを受け入れ、ステークホルダーの持つフレームをホリスティックな視点からものごとを理解する重要性を指摘しました。デザインマネジメントでは、組織の戦略的な施策においても、やはりそのベースがデザイナーの実践から導かれていることがよく理解できます。デザインを単に製品サービス開発プロセスにおける思考方法として捉えて導入するのではなく、デザインの実践の本質を理解し、組織の戦略レベルで取り入れることが求められているのです。それが実現できれば、デザインはデザイナーに限定されるものではなく、デザイン・ケイパビリティを持つすべての組織の人々（people）に開かれるでしょう。

おわりに

本書ではここまで、「ものごとに意味を与える行為としてのデザイン」と「組織や社会を新たな方向に導くためのデザイン」を包括的に実施するマネジメント概念を「デザインマネジメント」として定義し、扱ってきました。そして後半では、このようなデザインマネジメントの考え方を企業組織内でよく実践していくための視点を提供してきました。

ただし、このようなデザインマネジメントの定義や実践のポイントは、あくまで私たち（筆者ら）が執筆している時点においてのみ有効なものです（もっと正確に言うと、有効であってほしいと願います）。これはまさに私たちがこの文章を書いている今この瞬間のコンテクスト（社会的・文化的背景や状況）に依存しています（これが社会構成主義による考え方ですね）。でも、コンテクストというものは常に一定ではなく、時空間とともに変化し続けます。よってこの先もこの定義やポイントが有効なものかどうかはわかりません。

だから、私たちはコンテクストを受け身に捉えるのではなく、自らがコンテクストを生成し続ける主体として捉えていかなければならないでしょう。求められるのは「ものごとをどう解釈するか？」ではなく、「ものごとに対して、どのように自分が新たな意味を与えていくか？」という意味論的転回です。

さて、ここまで本書におつきあいいただいたあなた（ここであえて親しみを込めて、あなたと呼ばせていただきます）なら、すでにお気づきでしょう。本書を手に取る前は「読者」ですらなかった皆さんが、本書に目を通されることで「読者」になり、そして本書の内容を十全に理解された今ここで、「私たち」と「あなた」というPeerな関係になりました。

そう、次はあなた自身がデザインマネジメントに新たな意味を与える番です。そうすることで「あなた」は「（今の筆者である）私たち」を越え、新たな筆者としての「私」になることでしょう。そこに重要なのは、自分がどうありたいか、社会をどうしていきたいかという「ビジョン」でしたね。あなた自身のビジョンを実現するために、自身の社会的アイデンティティを十分に活かしながら、デザインマネジメントのディスコースに参画し、デザインマネジメントの新たな意味を生成していただけるなら、私たち筆者が願う本書の真の（心の）目的が達成されます。

この本に、新たな意味を与えるのは、あなたです。

この本に、新たな意味を与えるプロセスをマネジメントすること、それがまさにデザインマネジメントです。

だから、さあ、デザインマネジメントを今ここで始めましょう。

この本を、無意味な本にしないために。

２０２２年１月

筆者一同

To the Happy Few.

謝辞

筆者らの趣意に積極的な賛同をいただき、本書を完成まで導いていただいた新曜社の塩浦暲氏に改めて感謝申し上げます。

なお本書は、ＪＳＰＳ科研費 JP18K01776 の助成を受けたものです。

参考文献

1章　デザイン問題

Boland, J., Richard Jr., and Collopy, F. (2004). *Managing as Designing*. Stanford University Press.

Buchanan, R. (1992). "Wicked problems in design thinking." *Design Issues, 8*(2), 5-21.

Hatchuel, A. (2001). "Towards design theory and expandable rationality: The unfinished program of Herbert Simon." *Journal of Management and Governance, 5*(3-4), 260-273.

Ingold, T. (2013). *Making: Anthropology, Archaeology, Art and Architecture*. Routledge.（金子遊・水野友美子・小林耕二 訳 (2017).『メイキング ── 人類学・考古学・芸術・建築』左右社.）

Lawson, B. and Dorst, K. (2009). *Design Expertise*. Routledge.

Lévi-Strauss, C. (1962). *La Pensée sauvage*. Plon.（大橋保夫 訳 (1976).『野生の思考』みすず書房.）

Pallasmaa, J. (2009). *The Thinking Hand: Existential and Embodied Wisdom in Architecture*. Wiley.

Papanek, V. (1971). *Design for the Real World: Human Ecology and Social Change*. Academy Chicago Publisher.（阿部公正 訳 (1974).『生きのびるためのデザイン』晶文社.）

Popper, K. R. (1972). *Objective Kowledge*. Clarendon Press.（森博 訳 (1974).『客観的知識 ── 進化論的アプローチ』木鐸社.）

Rittel, H. and Webber, M. (1973). "Dilemmas in a general theory of planning." *Policy Science, 4*, 155-169.

Sarasvathy, S. (2006). *Effectuation: Elements of Entrepreneurial Expertise*. Edward Elgar Publishing, Massachusetts.（加護野忠男 監訳，高瀬進・吉田満梨 訳 (2015).『エフェクチュエーション ── 市場創造の実効理論』碩学社.）

Schön, D. A. (1983). *The Reflective practitioner: How Professionals Think in Action*. Basic Books.（柳沢昌一・三輪健二 訳 (2007).『省察的実践家とは何か ── プロフェッショナルの行為と思考』鳳書房.）

Schön, D. A. (1984). "Problems, frames and perspectives on designing." *Design Studies, 5*(3), 132-136.

Shackle, G. L. S. (1961). *Decision, Order and Time in Human Affairs*. Cambridge University Press.

Simon, H. A. (1969). *The Sciences of the Artificial*. Cambridge, MA: MIT Press.（稲葉元吉・吉原英樹 訳 (1999).『システムの科学 第3版』パーソナルメディア.）

Simon, H. A. (1973). "The Structure of Ill Structured Problems." *Artificial Intelligence, 4*, 181-201.

Simon, H. A. (1977). *The New Science of Management Decision*. Prentice-Hall.（稲葉元吉・倉井武夫 訳 (1979).『意思決定の科学』産業能率大学出版部.）

吉川弘之 (2020).『一般デザイン学』岩波書店.

2章　デザイン知

Ball, C. and Christensen, B. T. (2019). "Advancing an understanding of design cognition and design metacognition: Progress and prospects." *Design Studies, 65*, 35–59.

Beckett, S. J. (2017). "The logic of the design problem: A dialectical approach." *Design Issues, 33*(4), 5–16.

Beckman, S. L. (2020). "To Frame or reframe: Where might design thinking research go next?." *California Management Review, 62*, 144–62.

Bloch, P. H. (1995). "Seeking the ideal form: Product design and consumer response." *Journal of Marketing, 59*(3), 16–29.

Boland, J., Richard Jr., and Collopy, F. (2004). *Managing as Designing*. Stanford University Press.

Bourdieu, P. (1980). *Le sens pratique*. Paris: Editions de Minuit.（今村仁司・港道隆 訳 (1988).『実践感覚Ⅰ・Ⅱ』みすず書房.）

Cross, N. (1982). "Designerly ways of knowing." *Design Studies, 3*, 221–27.

Darke, J. (1979). "The primary generator and the design process." *Design Studies, 1*(1), 36–44.

Dell'Era, C., Magistretti, S., Cautela, C., Verganti, R., and Zurlo, F. (2020). "Four kinds of design thinking: From ideating to making, engaging, and criticizing." *Creativity and Innovation Management, 29*(2), 1–21.

Dorst, K. (2006). "Design problems and design paradoxes." *Design Issues, 22*(3), 4–17.

Dorst, K. (2011). "The core of 'design thinking' and its application." *Design Studies, 32*(6), 521–32.

Kolko, J. (2010). "Abductive Thinking and sensemaking: The drivers of design synthesis." *Design Issues, 26*(1), 15–28.

Lawson, B. (1979). "Cognitive strategies in architectural design." *Ergonomics, 22*(1), 59–68.

Lawson, B. (2006). *How Designers Think: The Design Process Demystified* (4th ed.). Elsevier/Architectural Press.

Lawson, B. and Dorst, K. (2009). *Design Expertise*. Routledge.

Martin, R. (2009). *The Design of Business*. Harvard Business Press.

Michelewski, K. (2015). *Design Attitude*. Gower Publishing Limited.

Micheli, P., Wilner, S. J. S., Hussain Bhatti, S. Mura, M., and Beverland, M. B. (2019). "Doing design thinking: Conceptual review, synthesis, and research agenda." *Journal of Product Innovation Management, 36*, 124–48.

Peirce, C. S. (1931–58). *Collected Papers of Charles Sanders Peirce: I–VI*. Hartshorne, C. and Weiss, P. (Eds.), The Belknap Press.

Rowe, P. (1987). *Design Thinking*. MIT Press.（奥山健二 訳 (1990).『デザインの思考過程』鹿島出版会.）

Ryle, G. (1949). *The Concept of Mind*. University of Chicago Press.（坂本百大・井上治子・服部裕幸 訳（1987).『心の概念』みすず書房.）

Schön, D. A. (1983). *The Reflective practitioner: How Professionals Think in Action*. Basic Books.（柳沢晶一・三輪健二 訳（2007).『省察的実践家とは何か ── プロフェッショナルの行為と思考』鳳書房.）

Schön, D. A. (1984). "Problems, frames and perspectives on designing." *Design Studies, 5*(3), 132-136.

米盛裕二（2007).『アブダクション ── 仮説と発見の論理』勁草書房.

吉川弘之（2020).『一般デザイン学』岩波書店.

3章　ものごとに意味を与える行為としてのデザイン

BSフジ「鉄道伝説」製作班（2019).『完全保存版　鉄道伝説 ── 昭和・平成を駆け抜けた鉄道たち』辰巳出版.

Florida, R. (2002). *The Rise of the Creative Class: And How it's Transforming Work, Leisure, Community and Everyday Life*. NY: Perseus Book Group.（井口典夫 訳（2008).『クリエイティブ資本論 ── 新たな経済界級の台頭』ダイヤモンド社.）

入山章栄（2019).『世界標準の経営理論』ダイヤモンド社.

Krippendorff, K. (2005). *The Semantic Turn: A New Foundation for Design*. CRC Press.（小林昭世・西澤弘行・川間哲夫・氏家良樹・國澤好衛・小口裕史・蓮池公威 訳（2009).『意味論的転回 ── デザインの新しい基礎理論』エスアイビーアクセス.）

Lévi-Strauss, C. (1962). *La Pensée sauvage*. Plon.（大橋保夫 訳（1976).『野生の思考』みすず書房.）

小田亮（2008).『レヴィ＝ストロース入門』筑摩書房.

大迫研究30周年記念講演（2016).「家庭血圧の世界基準を生んだ大迫研究のこれまでとこれから」http://www.epi-c.jp/entry/e002_0_30th.html（2021年10月22日確認）

Sinek, S. (2009). *Start with Why: How Great Leaders Inspire Everyone to Take Action*. Portfolio.（栗木さつき 訳（2012)『WHYから始めよ！』日本経済新聞出版社.）

Verganti, R. (2009). *Design Driven Innovation: Changing the rules of competition by radically innovating what things mean*. Harvard Business School Press.（佐藤典司 監訳，岩谷昌樹・八重樫文 監訳・訳，立命館大学DML 訳（2016).『デザイン・ドリブン・イノベーション』クロスメディア・パブリッシング.）

Verganti, R. (2016). *Overcrowded: Designing Meaningful Products in a World Awash with Ideas*. MIT Press.（安西洋之・八重樫文 監訳，立命館大学経営学部DML 訳（2017).『突破するデザイン』日経BP社.）

八重樫文・後藤智・安藤拓生・増田智香（2019).「意味のイノベーション／デザイン・ドリブン・イノベーションの研究動向に関する考察」『立命館経営学』*57*(6), 101-127, 立命館大学経営学会.

4章　組織や社会を新たな方向に導くためのデザイン

安藤拓生（2018).「デザイン態度（Design Attitude）の国際比較研究試論 ── 日本とイタリアの事例の比較分析」『立命館ビジネスジャーナル』*12*, 1-28, 立命館大学イノベ

ーション・マネジメント研究センター.

Boland, R. J. (2008). "Managing as designing: Lessons for organization leaders from the design practice of Frank O. Gehry." *Design Issues, 24*(1), 10–25.

Boland, R. J. (2011). "On managing as designing." In Cooper. R., Junginger. S., and Lockwood, T. (Eds.), *The Handbook of Design Management* (pp. 532–537). Berg Publishers.

Boland, R. J. and Collopy, F. (2004). *Managing as Designing*, Stanford University Press.

Brown, T. (2008). "Design thinking." *Harvard Business Review, 86*(6), 84–92. (DIAMOND ハーバード・ビジネス・レビュー編集部 訳 (2008).「人間中心のイノベーションへ ── IDEO デザイン・シンキング」『DIAMOND ハーバード・ビジネス・レビュー (2008年12月号)』(pp. 56–68). ダイヤモンド社.)

石井貫太郎 (2004).『リーダーシップの政治学』東信堂.

Kotter, J. P. (1990). "What leaders really do." *Harvard Business Review, 68*(3), 103–111. (DIAMOND ハーバード・ビジネス・レビュー編集部 訳 (2011).「[新訳] リーダーシップとマネジメントの違い」『DIAMOND ハーバード・ビジネス・レビュー (2011年９月号)』(pp. 50–64). ダイヤモンド社.)

Manzini, E. (2015). *Design, When Everybody Designs: An Introduction to Design for Social Innovation*. MIT press.

Manzini, E. (2019). *Politics of the Everyday*. Ava Pub Sa. (安西洋之・八重樫文 訳 (2020).『日々の政治 ── ソーシャルイノベーションをもたらすデザイン文化』ビー・エヌ・エヌ新社.)

Michlewski, K. (2008). "Uncovering design attitude: Inside the culture of designers." *Organization Studies, 29*, 373–392.

Michlewski, K. (2015). *Design Attitude*. Gower Publishing.

Moholy-Nagy, L. (1947). *Vision in Motion*. Paul Theobald and Co. (井口壽乃 訳 (2019).『ヴィジョン・イン・モーション』国書刊行会.)

向井周太郎 (2009).『デザイン学 ── 思索のコンステレーション』武蔵野美術大学出版局.

中村久人 (2010).「リーダーシップ論の展開とリーダーシップ開発論」『経営力創成研究』*6*, 57–71, 東洋大学経営力創成研究センター.

Sen, A. (1992). *Inequality Reexamined*. Oxford University Press. (池本幸生・野上裕生・佐藤仁 訳 (2018).『不平等の再検討 ── 潜在能力と自由』岩波書店.)

Simon, H. A. (1969). *The Sciences of the Artificial*. MIT Press. (稲葉元吉・吉原英樹 訳 (1999).『システムの科学 第３版』パーソナルメディア.)

Topalian, A. (1984). "The role of company boards in design leadership." *Engineering Management International, 2*(2), 75–86.

Topalian, A. (1990). "Design leadership in business: The role of non-executive directors and corporate design consultants." *Journal of General Management, 16*(2) Winter, 39–62.

Topalian, A. (2002). "Promoting design leadership through design management skills development programs." *Design Management Journal, 13*(3), 10–18.

Turner, R. and Topalian, A. (2002). "Core responsibilities of design leaders in commercially demanding environments." inaugural presentation at the Design Leadership Forum 2002, London.

八重樫文（2021).「経営学部におけるデザインマネジメント教育のための理論的背景：デザインケイパビリティとデザインリーダーシップに関する考察」『立命館経営学』*59*(6), 65-89, 立命館大学経営学会.

八重樫文・安藤拓生（2019).『デザインマネジメント論（ワードマップ)』新曜社.

5章 属人性のマネジメント

Adams, R. S., Daly, S. R., Mann, L. M., and Dall'Alba, G. (2011). "Being a professional: Three lenses into design thinking, acting, and being." *Design Studies, 32*(6), 588-607.

Ashforth, B. E., Harrison, S. H., and Corley, K. G. (2008). "Identification in organizations: An examination of four fundamental questions." *Journal of Management, 34*(3), 325-374.

Ashforth, B. E., and Mael, F. (1989). "Social identity theory and the organization." *Academy of Management Review, 14*(1), 20-39.

Avanzi, L., van Dick, R., Fraccaroli, F., and Sarchielli, G. (2012). "The downside of organizational identification: Relations between identification, workaholism and well-being." *Work and Stress, 26*(3), 289-307.

Bourdieu, P. (1985). *Distinction: A Social Critique of the Judgement of Taste*. Harvard University Press.

Dall'Alba, G. (2009). "Learning professional ways of being: Ambiguities of becoming." *Educational Philosophy and Theory, 41*(1), 34-45.

Darke, J. (1989) "The primary generator and the design process." *Design Studies, 1*(1), 36-44.

Deal, T., and Kennedy, A. (1982). *Corporate Cultures, Reading*. MA: Addison-Wesley.

Dell'Era, C., Magistretti, S., Cautela, C., Verganti, R. and Zurlo, F. (2020). "Four kinds of design thinking: From ideating to making, engaging, and criticizing." *Creativity and Innovation Management, 29*(2), 1-21.

Escobar, A. (2017). *Designs for the Pluriverse: Radical Interdependence, Autonomy, and the Making of Worlds*. Durham: Duke University Press.

Galvin, B. M., Lange, D., and Ashforth, B. E. (2015). "Narcissistic organizational identification: seeing oneself as central to the organization's identity." *Academy of Management Review, 40*(2), 163-181.

Gergen, K. J., and Gergen, M. (2004). *Social Construction: Entering the Dialogue*. Chagrin Falls, OH: Taos Institute Publications.（伊藤守 監修・訳，二宮美樹 訳（2018).『現実はいつも対話から生まれる』ディスカヴァー・トゥエンティワン.)

Giddens, A. (1984). *The Constitution of Society*. Cambridge: Polity.（門田健一 訳（2015).『社会の構成』勁草書房.)

Giddens, A. (1991). *Mordernity and Self-Identity: Self and Society in the Late Modern*

Age. Stanford University Press.（秋吉美都・安藤太郎・筒井淳也 訳（2005).『モダニティと自己アイデンティティ ── 後期近代における自己と社会』ハーベスト社.）
後藤智（2020).「属人性を排除する伝統的日本型マネジメントから属人性を含有するデザインマネジメントへ」『立命館経営学』*59*(6), 91-106, 立命館大学経営学会.
後藤智・八重樫文（2018).「デザインシンキング研究の課題と展望 ──『デザイン思考』と『デザインシンキング』」『立命館経営学』*57*(3), 45-69, 立命館大学経営学会.
Hirschman, E. C., and Holbrook, M. B. (1982). "Hedonic consumption: Emerging concepts, methods and propositions." *Journal of Marketing, 46*(3), 92-101.
上平崇仁（2020).『コ・デザイン ── デザインすることをみんなの手に』NTT 出版.
Krippendorff, K. (2005). *The Semantic Turn: A New Foundation for Design*. CRC Press.（小林昭世・西澤弘行・川間哲夫・氏家良樹・國澤好衛・小口裕史・蓮池公威 訳（2009).『意味論的転回 ── デザインの新しい基礎理論』エスアイビー・アクセス.）
Kreiner, G. E. and Ashforth, B. E. (2004). "Evidence toward an expanded model of organizational identification." *Journal of Organizational Behavior, 25*(1), 1-27.
Lawson, B. (2006). *How Designers Think: The Design Process Demystified* (4th ed.), Elsevier/Architectural Press.
Manzini, E. (2015). *Design, When Everybody Designs: An Introduction to Design for Social Innovation*. MIT press.
Manzini, E. (2019). *Politics of the Everyday*, Ava Pub Sa.（安西洋之・八重樫文 訳（2020).『日々の政治 ── ソーシャルイノベーションをもたらすデザイン文化』ビー・エヌ・エヌ新社.）
McDonnell, J. (2011). "Being a professional: Three lenses into design thinking, acting, and being." *Design Studies, 32*(6), 557-572.
日経デザイン（2020).「デザインシンカーを育成せよ」『日経デザイン３月号』日経 BP 社.
延岡健太郎（2011).『価値づくり経営の論理 ── 日本製造業の生きる道』日本経済新聞出版.
Norman, D. (2019). "Why I Don't Believe in Empathic Design." https://xd.adobe.com/ideas/perspectives/leadership-insights/why-i-dont-believe-in-empathic-design-don-norman/（2022年1月25日確認）
Norman, D. A., and Verganti, R. (2014). "Incremental and radical innovation: Design research vs. technology and meaning change." *Design Issues, 30*(1), 78-96.
Oyserman, D. (2015). *Pathways to Success Through Identity-Based Motivation*. New York, NY: Oxford University Press.
Papanek, V. (1971). *Design for the Real World: Human Ecology and Social Change*. Bantam books.（阿部公正 訳（1974).『生きのびるためのデザイン』晶文社.）
Paton, B., and Dorst, K. (2011). "Briefing and reframing: A situated practice." *Design Studies, 32*(6), 573-587.
Peters, T. J., and Waterman, R. H. (1982). *In Search of Excellence*. New York, NY: Harper and Row.

Rowe, P. (1987). *Design Thinking*. Cambridge, Mass: MIT Press.
佐藤典司（2012）.『モノから情報へ ── 価値大転換社会の到来』経済産業調査会.
Schön, D. A. (1984). "Problems, frames and perspectives on designing." *Design Studies, 5*(3), 132-136.
橘玲（2021）.『無理ゲー社会』小学館.
Tajfel, H. (1978). "The achievement of group differentiation." In H. Tajfel (Ed.), *Differentiation Between Social Groups: Studies in the Social Psychology of Intergroup Relations* (pp. 77-98). London: Academic Press.
Tajfel, H. (1981). *Human Groups and Social Categories: Studies in Social Psychology*. Cambridge: Cambridge University Press.
Tonkinwise, C. (2011). "A taste for practice: Unrepressing style in design." *Design Studies, 32*(6), 533-545.
Turner, J. C. (1975). "Social comparison and social identity: Some prospects for intergroup behaviour." *European Journal of Social Psychology, 5*(1), 5-34.
Turner, J. C. (1982). "Towards a cognitive redefinition of the social group." In H. Tajfel (Ed.), *Social Identity and Intergroup Relations* (pp. 15-40). Cambridge: Cambridge University Press .
Turner, J. C. (1984). "Social identification and psychological group formation." In H. Tajifel (Ed.), *The Social Dimension: European Developments in Social Psychology* (Vol. 2, pp. 518-538), Cambridge: Cambridge University Press.
Turner, J. C. (1985). "Social categorization and the self-concept: A social cognitive theory of group behavior." In E. J. Lawler (Ed.), *Advances in Group Processes* (Vol. 2, pp. 77-122). Greenwich, CT: JAI Press.
Verganti, R. (2017). *Overcrowded: Designing Meaningful Products in a World Awash with Ldeas*. MIT Press.（安西洋之・八重樫文 監訳，立命館大学経営学部 DML 訳（2017）.『突破するデザイン』日経 BP 社.）
八重樫文・後藤智・安藤拓生・増田智香（2019）.「意味のイノベーション ── デザイン・ドリブン・イノベーションの研究動向に関する考察」『立命館経営学』*57*(6), 101-127, 立命館大学経営学会.

6章　属人性を発揮するためのプロセス

Ashforth, B. E., and Mael, F. (1989). "Social identity theory and the organization." *Academy of Management Review, 14*(1), 20-39.
Avanzi, L., van Dick, R., Fraccaroli, F., and Sarchielli, G. (2012). "The downside of organizational identification: Relations between identification, workaholism and well-being." *Work and Stress, 26*(3), 289-307.
Brown, T. (2008). "Design thinking." *Harvard Business Review, 86*(6), 84-92.（DIAMOND ハーバード・ビジネス・レビュー編集部 訳（2008）.「人間中心のイノベーションへ ── IDEO デザイン・シンキング」『DIAMOND ハーバード・ビジネス・レビュー（2008年12月号）』(pp. 56-68), ダイヤモンド社.）
Cautela, C. (2007). *Strumenti di Design Management*. Milano: FrancoAngeli.

Cooper, A. (1999). *The Inmates Are Running the Asylum: Why High Tech Products Drive Us Crazy and How to Restore the Sanity*. Indiana: SAMS.（山形浩生 訳 (2000).『コンピュータは、むずかしすぎて使えない!』翔泳社.）

Dane, E. (2010). “Reconsidering the trade-off between expertise and flexibility: A cognitive entrenchment perspective.” *Academy of Management Review, 35*(4), 579-603.

Dorst, K. (2015). *Frame Innovation: Create New Thinking by Design*. Cambridge, MA: MIT Press.

Elsbach, K. D., and Bhattacharya, C. B. (2001). “Defining who you are by what you're not: organizational disidentification and the National Rifle Association.” *Organization Science, 12*(4), 393-521.

藤本敦也・宮本道人・関根秀真 (2021).『SF 思考 ── ビジネスと自分の未来を考えるスキル』ダイヤモンド社.

Galvin, B. M., Lange, D., and Ashforth, B. E. (2015). “Narcissistic organizational identification: seeing oneself as central to the organization's identity.” *Academy of Management Review, 40*(2), 163-181.

Giddens, A. (1984). *The Constitution of Society*. Cambridge: Polity.（門田健一 訳 (2015).『社会の構成』勁草書房.）

Goto, S., Ando, T., and Yaegashi, K. (2020). “Outside-inside-out frame creation model for the innovation of meaning in a B2B industry.” *Design Management Journal, 15*(1), 58-67.

Hargadon, A. and Sutton, R. I. (1997). “Technology brokering and innovation in a product development firm.” *Administrative Science Quarterly, 42*(4), 716-749.

上平崇仁 (2020).『コ・デザイン ── デザインすることをみんなの手に』NTT 出版.

木浦幹雄 (2020).『デザインリサーチの教科書』ビー・エヌ・エヌ新社.

國分功一郎 (2017).『中動態の世界 ── 意志と責任の考古学』医学書院.

小山太郎・若林靖永 (2021).「イタリアにおけるデザインマネジメントの原理 ── デザイン・ドリブン・イノベーション理論との対比を通じて」『商品開発・管理研究』*17*(2), 2-29.

Krippendorff, K. (2005). *The Semantic Turn: A New Foundation for Design*. CRC Press.（小林昭世・西澤弘行・川間哲夫・氏家良樹・國澤好衛・小口裕史・蓮池公威 訳 (2009).『意味論的転回 ── デザインの新しい基礎理論』エスアイビー・アクセス.）

Kreiner, G. E. and Ashforth, B. E. (2004). “Evidence toward an expanded model of organizational identification.” *Journal of Organizational Behavior, 25*(1), 1-27.

Latour, B. (2005). *Resembling the Social: An Introduction to Actor-Network Theory*. Oxford University Press.（伊藤嘉高 訳 (2019).『社会的なものを組み直す ── アクターネットワーク理論入門』法政大学出版局.）

Liedtka, J. (2015). “Perspective: Linking design thinking with innovation outcomes through cognitive bias reduction.” *Journal of Product Innovation Management, 32*(6), 925-938.

McDonnell, J. (2011). "Being a professional: Three lenses into design thinking, acting, and being." *Design Studies, 32*(6), 557-572.

向井周太郎 (2009).『デザイン学 ── 思索のコンステレーション』武蔵野美術大学出版局.

Norman, D. (2010). *Living with Complexity*. The MIT Press. (伊賀聡一郎・岡本明・安村通晃 訳 (2011).『複雑さと共に暮らす ── デザインの挑戦』新曜社.)

Norman, D. A. and Verganti, R. (2014). "Incremental and radical innovation: Design research vs. technology and meaning change." *Design Issues, 30*(1), 78-96.

Topalian, A. (2002). "Promoting design leadership through design management skills development programs." *Design Management Journal, 13*(3), 10-18.

Verganti, R. (2009). *Design Driven Innovation: Changing the Rules of Competition by Radically Innovating What Things Mean*. Harvard Business School Press. (佐藤典司 監訳, 岩谷昌樹・八重樫文 監訳・訳, 立命館大学 DML 訳 (2016).『デザイン・ドリブン・イノベーション』クロスメディア・パブリッシング.)

Verganti, R. (2017). *Overcrowded: Designing Meaningful Products in a World Awash with Ideas*. MIT Press. (安西洋之・八重樫文 監訳, 立命館大学経営学部 DML 訳 (2017).『突破するデザイン』日経 BP 社.)

Wolmarans, N. (2016). "Inferential reasoning in design: Relations between material product and specialised disciplinary knowledge." *Design Studies, 45*, 92-115.

八重樫文・小山太郎・後藤智・安藤拓生・牧野耀 (2017).「イタリアにおけるデザインマネジメントの理論的枠組みの検討」『立命館経営学』*55*(6), 75-100, 立命館大学経営学会.

7章　属人性を発揮するための組織的施策

Acquavita, S. P., Pittman, J., Gibbons, M., and Castellanos-Brown, K. (2009). "Personal and organizational diversity factors' impact on social workers' job satisfaction: Results from a national Internet-based survey." *Administration in Social Work, 33*(2), 151-166.

Bassett-Jones, N. (2005). "The paradox of diversity management, creativity and innovation." *Creativity and Innovation Management, 14*(2), 169-175.

Baumeister, R. F., and Leary, M. R. (1995). "The need to belong: Desire for interpersonal attachments as a fundamental human motivation." *Psychological Bulletin, 117*(3), 497-529.

Brimhall, K. C. (2019). "Inclusion and commitment as key pathways between leadership and nonprofit performance." *Nonprofit Management and Leadership, 30*(1), 31-49.

Cho, S., and Mor Barak, M. E. (2008). "Understanding of diversity and inclusion in a perceived homogeneous culture: A study of organizational commitment and job performance among korean employees." *Administration in Social Work, 32*(4), 100-126.

Chung, B. G., Ehrhart, K. H., Shore, L. M., Randel, A. E., Dean, M. A., and Kedharnath,

U. (2020). "Work group inclusion: Test of a scale and model." *Group and Organization Management, 45*(1), 75–102.

Cox, T. H., Jr. (1994). *Cultural Diversity in Organizations: Theory, Research and Practice*. San Francisco, CA: Berrett-Koehler.

Dai, Y., Byun, G., and Ding, F. (2019). "The direct and indirect impact of gender diversity in new venture teams on innovation performance." *Entrepreneurship Theory and Practice, 43*(3), 505–528.

Dell'Era, C., Altuna, N., and Verganti, R. (2018). "Designing radical innovations of meanings for society: Envisioning new scenarios for smart mobility." *Creativity and Innovation Management, 27*(4), 387–400.

Galvin, B. M., Lange, D., and Ashforth, B. E. (2015). "Narcissistic organizational identification: Seeing oneself as central to the organization's identity." *Academy of Management Review, 40*(2), 163–181.

Giddens, A. (1991). *Modernity and Self-Identity: Self and Society in the Late Modern Age*. Stanford University Press.（秋吉美都・安藤太郎・筒井淳也 訳 (2005).『モダニティと自己アイデンティティ ― 後期近代における自己と社会』ハーベスト社.）

Giffords, E. D. (2009). "An examination of organizational commitment and professional commitment and the relationship to work environment, demographic and organizational factors." *Journal of Social Work, 9*(4), 386–404.

Hargadon, A., and Sutton, R. I. (1997). "Technology brokering and innovation in a product development firm." *Administrative Science Quarterly, 42*(4), 716–749.

Javed, B., Naqvi, S. M. M. R., Khan, A. K., Arjoon, S., and Tayyeb, H. H. (2019). "Impact of inclusive leadership on innovative work behavior: The role of psychological safety." *Journal of Management and Organization, 25*(1), 117–136.

Kreiner, G. E., and Ashforth, B. E. (2004). "Evidence toward an expanded model of organizational identification." *Journal of Organizational Behavior, 25*(1), 1–27.

Lawson, B., and Samson, D. (2001). "Developing innovation capability in organisations: A dynamic capabilities approach." *International Journal of Innovation Management, 5*(3), 377–400.

Li, C. R., Lin, C. J., Tien, Y. H. and Chen, C. M. (2015). "A multilevel model of team cultural diversity and creativity: the role of climate for inclusion." *Journal of Creative Behavior, 51*(2), 163–179.

Massimini, M., and Tononi, G. (2018). *Nulla di più grande*. Baldini + Castoldi.（花本知子 訳 (2015).『意識はいつ生まれるのか ― 脳の謎に挑む統合情報理論』亜紀書房.）

Mor Barak, M. E. (2005). *Managing Diversity: Toward a Globally Inclusive Workplace*. Thousand Oaks, CA: Sage.

Mor Barak, M. E., and Daya, P. (2014). "Fostering inclusion from the inside out to create an inclusive workplace: Corporate and organizational efforts in the community and the global society." In B. M. Ferdman, and B. R. Deane (Eds.), *Diversity at Work: The Practice of Inclusion* (pp. 391–412). San Francisco, CA: Jossey-Bass.

Mousa, M. and Puhakka, V. (2019). "Inspiring organizational commitment: Responsible leadership and organizational inclusion in the Egyptian health care sector." *Journal of Management Development, 38*(3), 208–224.

Nishii, L. H. (2013). "The benefits of climate for inclusion for gender-diverse groups." *Academy of Management Journal, 56*(6), 1754–1774.

Norman, D. (2019). "Why i don't believe in empathic design." *Adobe Xd Ideas.* https://xd.adobe.com/ideas/perspectives/leadership-insights/why-i-dont-believe-in-empathic-design-don-norman/. (accessed Oct 22, 2021)

Pitts, D. (2009). "Diversity management, job satisfaction, and performance: Evidence from U. S. federal agencies." *Public Administration Review, 69*(2), 328–338.

Randel, A. E. (2002). "Identity salience: A moderator of the relationship between group gender composition and work group conflict." *Journal of Organizational Behavior, 23*(6), 749–766.

Schein, E. H. (1985). *Organizational Culture and Leadership.* San Francisco: Jossy-Bass.（清水紀彦・浜田幸雄 訳（1989).『組織文化とリーダーシップ』ダイヤモンド社.）

Shore, L. M., Randel, A. E., Chung, B. G., Dean, M. A., Ehrhart, K. H., and Singh, G. (2011). "Inclusion and diversity in work groups: A review and model for future research." *Journal of Management, 37*(4), 1262–1289.

Shore, L. M., Cleveland, J. N., and Sanchez, D. (2018). "Inclusive workplaces: A review and model." *Human Resource Management Review, 28*(2), 176–189.

Van Knippenberg, D., De Dreu, C. K. W., and Homan, A. C. (2004). "Work group diversity and group performance: An integrative model and research agenda." *Journal of Applied Psychology, 89*(6), 1008–1022.

Verganti, R. (2008). "Design, meanings, and radical innovation: A metamodel and a research agenda." *Journal of Product Innovation Management, 25*(5), 436–456.

Verganti, R. (2009). *Design Driven Innovation: Changing the Rules of Competition by Radically Innovating What Things Mean.* Harvard Business School Press.（佐藤典司 監訳，岩谷昌樹・八重樫文 監訳・訳，立命館大学 DML 訳（2016).『デザイン・ドリブン・イノベーション』クロスメディア・パブリッシング.）

Winters, M. (2014). "From diversity to inclusion: An inclusion equation." In B. M. Ferdman, and B. R. Deane (Eds.), *Diversity at Work: The Practice of Inclusion* (pp. 205–228). San Francisco, CA: Jossey-Bass.

八重樫文・後藤智（2015).「アーティスティック・インターベンション研究に関する現状と課題の検討」『立命館経営学』*53*(6), 41–59, 立命館大学経営学会.

安藤 拓生（あんどう　たくお）
東洋学園大学現代経営学部専任講師，立命館大学 DML リサーチャー
1989年愛知県生まれ。立命館大学経営学部経営学科環境・デザインインスティテュート卒業，立命館大学経営学研究科博士課程前期課程及び後期課程修了。博士（経営学)。2018年より現職。
主な著書に『デザインマネジメント論』（新曜社)，『デザインマネジメント研究の潮流2010―2019』（青山社)，訳書に『突破するデザイン』（日経 BP 社）など。

著者紹介

佐藤 典司（さとう のりじ）

立命館大学経営学部特任教授，立命館大学 DML（Design Management Lab）代表
1955年山口県生まれ。早稲田大学政治経済学部経済学科卒業。80年㈱電通入社後，㈳ソフト化経済センター出向などを経て，98年電通を退社し現職に。デザインマネジメントおよび，近年は情報・知識価値マネジメントを中心に研究。
主な著書に『「デザイン」に向かって時代は流れる』『経済成長は，もういらない』（PHP 研究所），『情報消費社会を勝ち抜くデザインマネジメント戦略』（NTT 出版），『「情報消費社会」のビジネス戦略』『モノから情報へ』『複素数思考とは何か』（経済産業調査会），『資本主義から価値主義へ』（新曜社）など。

八重樫 文（やえがし かざる）

立命館大学経営学部教授，立命館大学 DML チーフプロデューサー
1973年北海道生まれ。武蔵野美術大学造形学部基礎デザイン学科卒業，東京大学大学院学際情報学府修士課程修了。デザイン会社勤務，武蔵野美術大学助手，福山大学専任講師，立命館大学准教授を経て，2014年より現職。2015・2019年度ミラノ工科大学客員研究員。
主な著書に『デザインの次に来るもの』（クロスメディア・パブリッシング），『デザインマネジメント論』（新曜社），『デザインマネジメント研究の潮流2010―2019』（青山社），訳書に『デザイン・ドリブン・イノベーション』（クロスメディア・パブリッシング），『突破するデザイン』（日経 BP 社），『日々の政治　ソーシャルイノベーションをもたらすデザイン文化』（BNN）など。

後藤 智（ごとう さとる）

立命館大学経営学部准教授，立命館大学デザイン科学研究センター長，立命館大学 DML ディレクター
1981年長崎県生まれ。立命館大学理工学部ロボティクス学科卒業，立命館大学大学院理工学研究科修士課程及びテクノロジー・マネジメント研究科博士課程修了。博士（技術経営）。株式会社堀場製作所勤務，東洋学園大学専任講師を経て，2019年より現職。
主な著書に『Innovation of Meaning and Product Service System』（LAMBERT Academic Publishing），『デザインマネジメント研究の潮流2010―2019』（青山社），訳書に『デザイン・ドリブン・イノベーション』（クロスメディア・パブリッシング），『突破するデザイン』（日経 BP 社）など。

デザインマネジメント論のビジョン
デザインマネジメント論をより深く学びたい人のために

初版第1刷発行　2022年3月30日

監修・著　佐藤典司・八重樫文
著　後藤智・安藤拓生
発行者　塩浦　暲
発行所　株式会社　新曜社
〒101-0051　東京都千代田区神田神保町3-9
電話（03）3264-4973（代）・FAX（03）3239-2958
e-mail：info@shin-yo-sha.co.jp
URL：https://www.shin-yo-sha.co.jp/

組版　星野精版印刷
印刷　星野精版印刷
製本　積信堂

ISBN978-4-7885-1766-0 C1034